资助项目：辽宁省经济社会发展研究课题"进一步改善辽宁省研究"（2021lslwzzkt-065）、辽宁省社会科学规划基金项目"地制造业升级中产业结构转型研究"（L17BJY018）、沈阳市规划课题"推进沈阳开放创新的对策研究"（SZ202001Z）

创新驱动背景下
大企业开放式技术创新模式研究

温凤媛 著

Research on Open Technological Innovation Mode in
Large-enterprises under the Innovation-Driven Background

经济管理出版社
ECONOMY & MANAGEMENT PUBLISHING HOUSE

图书在版编目（CIP）数据

创新驱动背景下大企业开放式技术创新模式研究/温凤媛著 . —北京：经济管理出版社，2021. 1
ISBN 978-7-5096-7668-4

Ⅰ. ①创…　Ⅱ. ①温…　Ⅲ. ①企业创新—创新管理—研究—中国　Ⅳ. ①F279. 23

中国版本图书馆 CIP 数据核字（2021）第 004079 号

组稿编辑：高　娅
责任编辑：高　娅
责任印制：赵亚荣
责任校对：陈晓霞

出版发行：经济管理出版社
　　　　　（北京市海淀区北蜂窝 8 号中雅大厦 A 座 11 层　100038）
网　　　址：www. E-mp. com. cn
电　　　话：（010）51915602
印　　　刷：北京玺诚印务有限公司
经　　　销：新华书店
开　　　本：720mm×1000mm/16
印　　　张：9
字　　　数：157 千字
版　　　次：2021 年 1 月第 1 版　　2021 年 1 月第 1 次印刷
书　　　号：ISBN 978-7-5096-7668-4
定　　　价：68. 00 元

目　录

1 创新驱动与大企业开放式技术创新

1.1 创新驱动及其内涵

"创新驱动"的概念最早是由美国著名经济学家迈克尔·波特在《国家竞争优势》一书中提出的，波特通过分析美国、英国、德国、瑞士、日本、韩国等国家的经济增长表现，指出一个国家或地区的经济发展需要经历四个阶段：生产要素驱动阶段、投资驱动阶段、创新驱动阶段和财富驱动阶段（迈克尔·波特，1990）。前两个阶段主要是依靠资源禀赋及资本投资来实现经济的发展，而"创新驱动"则是价值链从低层次向高层次的一个转变，主要依靠科技创新来推动经济的发展，他指出当发展到"创新驱动"阶段时，该国家或地区会呈现"许多产业已出现完整的钻石体系"，呈现出锐不可当的竞争力。

洪银兴（2011）认为，"创新驱动"是创新成为推动经济增长的主动力，是利用知识、技术、企业制度与商业模式等无形创新要素对现有的劳动、资本、自然资源等进行新的组合改造，以创新的知识和技术改造物质资本，提升劳动者素质和科学管理，从而提高人力资本的创造能力，增加产出，形成内生性增长。夏天等（2010）认为，创新驱动就是要把经济发展、产业转型升级的内在动力由原来的生产要素驱动或投资驱动转向科技进步、自主创新驱动。万钢（2009）认为，创新驱动发展是指充分发挥知识和技术对经济社会发展的支撑和引领作用，大幅度提高科技进步对经济增长的贡献率，实现经济社会的全面发展和综合国力的不断提升。王涛（2014）认为，创新驱动是企业家连续实现新组合以取得创新效度并影响环境的系统的变革过程，从而演化成一种经济增长的新模式——创新驱动型经济。阿瑟·刘易斯认为，在边际收益递减规律作用下，自然资源和传统资本投入对经济增长的贡献呈现递减趋势。因此，从长远来看，经济发展取决于人的努力和知识的作用。陈曦（2013）认为，创新驱动发展就是依赖创新，使生产要素高度整合、集聚、可持续地创造财富，从而驱动经济社会健康、稳步地向前发展。

2012 年，党的十八大报告提出我国要实施"创新驱动发展战略"，指出"科技创新是提高社会生产力和综合国力的战略支撑，必须摆在国家发展全局的核心位置……以全球视野谋划和推动创新，提高原始创新、集成创新和引进消化吸收再创新能力"。创新驱动经济发展是指改变以往依靠资本、低成本劳动力的生产要素投入的方式来推动经济发展，而是通过技术进步、研发成果转化、制度创新、管理创新等途径来推动经济发展。① 创新驱动战略的核心是科技创新战略，科技创新是将科学发现和技术发明应用到生产体系，创造新价值的过程。② 这意味着在今后的经济发展中，科技创新成为经济发展的关键因素，这不仅是我国经济发展的需要，也是新技术革命背景下，各国为提升国家综合国力和核心竞争力所采取的发展策略。

1.2 创新驱动与经济发展

1.2.1 创新驱动是经济增长的引擎

一般来说，经济增长需要投资、出口和消费这"三驾马车"的同时拉动，我国在很长一段时间内，采取政府财政投入和大量资源投入的方式，形成了"高消耗、高速度、高污染、低消费、低效率、低效益"的传统经济发展方式，使我国的经济保持了高速的增长态势，但是随之产生的负面代价也日渐显现：可用资源面临枯竭，环境污染严重，生态平衡遭到破坏，贫富差距逐步扩大……社会的消费动力也明显不足，经济发展的可持续性受到阻力，这就需要改变生产要素驱动经济发展的方式。

---

① 姜江. 美国创新驱动经济发展的内涵、动因和举措 [J]. 中国经贸导刊，2014（30）：45-49.
② 张来武. 科技创新驱动经济发展方式转变 [J]. 中国软科学，2011（12）：1-5.

　　无论是以蒸汽机的发明和应用为标志的第一次工业革命，还是以电气化为标志的第二次工业革命，或是以微电子技术的发明和应用为标志的第三次工业革命，无不是科技创新推动的结果。美国是科技创新驱动的典范，无论是 20 世纪 60 年代的军转民的高新技术，还是 20 世纪 70 年代的一系列重大科技创新，抑或 20 世纪 80 年代的以信息技术为核心的高技术产业的长足发展，以及 20 世纪 90 年代的信息产业和 2000 年后的互联网产业都是推动美国社会经济增长的不竭动力，确立了其全球的领先优势。"二战"后的日本也是依靠技术的引进、消化、吸收再创新的战略摆脱了无资源、无资本的困境，度过了十多年的经济停滞期，实现了近 20 年的经济高速增长期，成为经济强国。

　　新技术革命催生出新的产业变革，特别是 21 世纪，以云计算、大数据、3D 打印技术、可再生能源技术、新材料技术以及现代生物技术为代表的新技术的突破。在新的产业变革中，信息网络技术将广泛地应用于制造业，与制造业深度融合，实现制造业的智能化、高端化，从而也使其专业化程度不断提高。[①] 我国现在正处于经济转型发展阶段，一大批不适应新技术革命潮流的企业将被淘汰，而一批新的高新技术企业将异军突起。在这种时代背景下，需要通过创新改变产业结构、需求结构和要素结构，实现经济发展方式的真正转变，使"中国制造"转变为"中国创造"再到"中国智造"，依靠自主创新技术提升中国制造产品在价值链中的位置，增加中国产品和服务的附加值，成为经济增长的引擎。

1.2.2　创新驱动是实现可持续发展的途径

　　历史上，率先实现工业化的国家，在向后工业化过渡时期，遇到的首要问题是经济发展与环境和资源矛盾导致的所谓的"增长极限"问题。跨越这一极限，消解这一极限的重要手段之一，就是科技创新。这个手段是缓解和解决经济发展与环境资源矛盾的最便捷、最经济，也是最可行的途径。

　　在当代，内涵式扩大再生产，不仅意味着生产要素在更广范围、更大程度上的优化组合及合理使用，更意味着生产要素以及生产各环节间的科技含量比重的不断扩大。最近几十年，由科学理论到应用技术，再由应用技术到终端产品之间的转化速度不断刷新。科技进步为经济发展创造了新前景，开辟了新道

---

① 肖文. 我国应对新科技革命和新产业革命的再思考 [N]. 中国经济导报，2014-08-30（A02）.

路，科技创新日益成为经济持续发展的关键性因素①。不断提高自主创新能力，增加高附加值、高竞争力的产品，淘汰高能耗、高物耗、高污染产品，是实现经济效益和环境效益协调发展的重要途径。依靠科技创新改变经济发展方式，实现经济的可持续性发展。

我国当前传统的经济发展模式主要是依靠要素禀赋的优势，通过消耗物质资源来实现经济的增长，由此带来的环境污染、生态环境失衡、资源枯竭的弊端日益显著，因此必须转变经济发展方式，依靠科技创新提高生产效率，实现创新驱动，推动经济的可持续发展。

1.2.3 创新驱动是形成国家核心竞争力的关键

在新技术革命时代，科技创新的速度越来越快，技术开发周期缩短，产品更新换代的频率加快，开发新产品的技术具有复杂性和跨学科性，科技创新成了经济发展的驱动力，技术成了国与国竞争的关键，谁占领了世界科技的制高点，谁就拥有了话语权。万钢（2009）认为，创新驱动发展是指充分发挥知识和技术对经济社会发展的支撑和引领作用，大幅度提高科技进步对经济增长的贡献率，实现经济社会的全面发展和综合国力的不断提升。陈曦（2013）认为，创新驱动发展就是依赖创新，使生产要素高度整合、集聚、可持续地创造财富，从而驱动经济社会健康、稳步地向前发展。

表1-1是世界经济论坛公布的2008~2014年全球竞争力排名的部分国家的相关数据，通过对比分析可见，各个国家的全球竞争力排名与其创新能力的排名相差无几，创新能力的排名对竞争力的排名贡献率很高。例如，瑞士全球竞争力一直排在全球之首，其创新能力排名一直居于全球前三名；美国的全球竞争力排名与其创新能力的排名同时上升或下降，一直居于全球前十；芬兰的全球竞争力排名与创新力排名也相差无几；其他的国家情况也都类似。由此表明，一国的高创新能力对其国家竞争力的影响是很大的，二者在一定程度上成正相关，因此创新驱动成了各国提升核心竞争力的一个重要途径。一些发达国家一直都重视创新能力的提升，通过创新驱动提升本国的核心竞争力。

---

① 韩金祥. 科技自主创新与经济增长模式转变 [J]. 科学与管理，2006（4）：24-26.

表 1-1 部分国家（地区）全球竞争力与创新排名的比较

国家（地区）	2008~2009 年		2009~2010 年		2010~2011 年		2011~2012 年		2012~2013 年		2013~2014 年		2014~2015 年	
	竞争力	创新	竞争力	创新	竞争力	创新	竞争力	创新	竞争力	创新	竞争力	创新	竞争力	创新
美国	1	1	2	2	4	1	5	5	7	7	5	5	3	5
瑞士	2	3	1	3	1	2	1	1	1	2	1	1	1	2
丹麦	3	10	5	7	9	10	8	10	12	13	15	13	13	11
瑞典	4	5	4	4	2	5	3	2	4	5	6	7	10	8
新加坡	5	11	3	10	3	9	2	8	2	20	2	18	2	9
芬兰	6	2	6	6	7	3	4	3	3	4	3	2	4	1
德国	7	8	7	5	5	8	6	7	6	3	4	3	5	6
荷兰	8	12	10	9	8	13	7	12	5	9	8	9	8	8
日本	9	4	8	2	6	4	9	4	10	1	9	6	6	4
加拿大	10	13	9	12	10	11	12	11	14	25	14	27	15	23
中国香港	11	24	11	23	11	29	11	25	9	37	7	29	7	26
韩国	13	13	19	16	22	12	24	14	19	19	25	22	26	17
奥地利	14	15	17	11	18	20	19	16	16	9	24	14	20	18
挪威	15	19	14	18	14	18	16	20	15	14	11	12	11	15
法国	16	16	16	15	15	19	18	17	21	10	23	16	23	19
中国台湾	17	7	12	8	13	7	13	9	13	15	12	19	14	10
澳大利亚	18	20	15	21	16	21	20	22	20	32	21	23	22	25
比利时	19	14	18	13	19	15	15	15	17	11	17	10	18	10
中国	30	28	29	29	27	26	26	29	29	23	29	30	28	43

资料来源：相关数据根据 WEF（世界经济论坛）全球竞争力报告整理得出。

1.3　创新驱动与大企业开放式技术创新

1.3.1　经济全球化与开放式技术创新

随着知识经济时代的到来，企业创新的外部环境发生了很大的变化，企业竞争方式由过去的产品竞争转变为以依靠知识为基础的技术竞争，技术成为企业的生命线。由于开发新产品技术的复杂性，技术创新往往需要跨越多个学科领域的知识，企业无论其技术力量如何雄厚，在其所处的市场竞争中都不可能拥有其技术创新所需要的全部知识、资源和技术（Teece，1986），因此促使企业由"封闭式技术创新"向"开放式技术创新"的模式转变，积极探索与利益相关者之间的合作。随着企业传统边界越来越模糊，知识扩散速度越来越快，传播范围不断扩大，以及由于风险资本的介入为被搁置的研究成果商业化提供了条件，使企业传统的封闭式技术创新模式受到前所未有的挑战①。经济全球化的发展和信息技术的普及，为企业从外界环境中汲取和利用自身技术创新所需要的各种知识和技术提供了便利的条件。

在开放式技术创新的模式下，企业创新突破了原有的传统边界，创新活动可以由企业独立完成，也可以与用户、供应商、竞争企业、合作企业及高校、政府、科研机构、中介机构等利益相关者合作完成，或者也可以完全交由其他企业或组织来完成，从而合理配置创新资源，达到在最短的时间内实现创新成果的商业化。目前，企业的开放式技术创新模式已经成为各国有效地整合国家及区域科技资源的关键因素，成为国家创新体系的重要组成部分②，也成为众多大企业全球化战略的一个重要组成部分。例如，2012 年 2 月，雷诺公司与德国奔驰公司结成战略联盟，进行技术研发方面的合作，共同研发一款高端旗舰车型，通过这种合作，双方共享技术资源，这样雷诺公司便可以获取奔驰公司在豪华车研发方面的优势资源，节约研发成本，增强本企业的竞争力。德国的

---

① 丁堃 . 开放式自主创新系统理论及其应用 [M]. 北京：科学出版社，2010：10.

② 亨利·切萨布鲁夫 . 开放式创新的新范式 [M]. 陈劲译 . 北京：科学出版社，2010：2-7.

宝马与日本的丰田也通过签订协议，打造长期的技术战略联盟。随着经济全球化进程的推进，类似于这样的大企业技术创新合作数不胜数，已成为一种新的发展趋势。

1.3.2 自主创新与开放式技术创新

2006 年，党中央提出"把增强自主创新能力作为发展科技的战略基点和调整产业结构、转变增长方式的中心环节"；党的十七大进一步强调，"要把提高自主创新能力、建设创新型国家作为国家发展战略的核心，提高综合国力的关键"；"十二五"发展纲要中又明确提出，要坚持把科技进步和创新作为加快转变经济发展方式的重要支撑①。把"坚持自主创新、重点跨越、支撑发展、引领未来作为增强科技创新能力的方针""增强原始创新、集成创新和引进消化吸收再创新的能力""增强自主创新能力""引导和支持创新要素向企业集聚，加快建立以企业为主体、市场为导向、产学研相结合的技术创新体系"②。其核心就是要通过自主创新驱动经济发展方式的转变，这就需要一种自主创新战略。在全球经济一体化的国际环境中，我们在借鉴国外先进经验的基础上，通过引进、消化吸收和再创新的方式，积极开展技术创新活动，有力地促进了我国技术的发展和进步，提高了企业的技术水平。但是我国的技术创新与发达国家相比还有相当大的差距，中国的经济发展还主要依靠廉价劳动力以及资源、优惠政策等，没有自己的核心技术，企业的发展大多处于全球价值链的底端，相当一部分核心技术受制于人，在应对激烈的国际市场竞争中缺乏竞争力。实践证明，真正的核心技术是买不来的，因此必须增强企业自主创新的能力，在引进、消化吸收的基础上实现再创新，着重培育企业自主创新的能力，以适应不断变化的市场竞争环境。

但我们强调的自主创新不是封闭的自主创新，而是开放式技术创新视角下的自主创新，其表现在自主创新的主体、资源要素及创新源的开放性。首先，自主创新是多主体参与的，创新的主体不仅局限于企业自身，可以是其他竞争企业或是合作企业，也可以是高校、科研机构、政府和中介机构，还可以是企业的供应商或是用户；其次，除了企业自身内部的创新资源外，企业要积极开

---

①② 十二五发展纲要 ［EB/OL］. ［2011-03-13］. http://wenku.baidu.com view/54d87d0ff12d2a-f90242e62d.html.

发和利用外部的资源进行自主创新活动；最后，创新源可来自内部研发也可以通过对外部知识的监视、跟踪和购买①。

1.3.3 大企业与开放式技术创新

熊彼特认为，"大企业是技术进步最有力的发动机"，并且强调垄断在创新中的作用，他认为市场垄断地位是企业承受与创新相关的风险和不确定性的先决条件②，只有大的厂商才能负担得起研究与开发的费用，并且可以通过大范围的研发来消化失败③，大型企业的规模优势更加有利于技术的创新，从而可以推动和促进一国的经济增长。加尔布雷斯、施瓦茨、卡米恩等也认为大企业具有更强的创新能力与创新动力，其观点是：一是大企业会促进创新，而小企业则会妨碍创新；二是不完善竞争的市场比近乎完善竞争的市场更有利于技术的变革④。美莱斯特·瑟罗指出，当今美国应用研究开发费用的90%是由企业支出的，其中大企业占有3/4⑤的份额。

大企业由于自身所具有的资源禀赋以及巨大的市场空间和经营规模，使其成为一国经济发展的标志，大企业的发展成为一个国家综合实力及竞争力的表现。同时也使其在技术创新中拥有了中小企业所无法相比的优势地位。熊彼特指出，"大企业是技术进步最有力的发动机"；而钱德勒也认为，"从19世纪末资本密集型产业中的大型企业出现以来，大企业就一直系统地体现了最新的科学技术进步，并将这些科学技术成果转化为市场产品"。在世界经济发展过程中，先进的技术一般都源于大企业，大企业通过技术创新、技术扩散、技术外溢，带动了一国产业的整体提升与发展。美国著名社会科学家丹尼尔·贝尔指出，"新的技术领域在战后被不断突破，大公司在这方面起了带头作用"⑥。在

---

① 丁堃. 开放式自主创新系统理论及其应用［M］. 北京：科学出版社，2010：19.

② ［美］约瑟夫·熊彼特. 经济发展理论——对于利润、资本、信贷、利息和经济周期的考察［M］. 北京：商务印书馆，1991：73-74.

③ 荣飞. 大企业技术创新与区域产业发展理论及实证研究［D］. 天津：河北工业大学博士学位论文，2007：34.

④ Kamien M，Schwartz N. Market Structure and Innova-tion［M］. Cambridge：Cambridge University Press，1982.

⑤ 荣飞. 大企业技术创新与区域产业发展理论及实证研究［D］. 天津：河北工业大学博士学位论文，2007：38.

⑥ 刘国岩. 我国创新型大企业的构建及其模式研究［D］. 哈尔滨：哈尔滨工程大学博士学位论文，2008：18-22.

现代产业技术创新中，大企业往往承担着重大的技术研发活动，特别是在资本和技术密集型产业中，几乎所有重大技术创新都源于大企业①。日本全国 86%的科研及设计工作都是由大企业来承担的。韩国企业所投资的研发经费中 90%来源于大企业。美国应用研发费用的 90%来源于企业，而大企业的支出占了3/4②。OECD 范围内全部工业 2/3 的研发任务由雇员超过一万人的大企业完成③。随着全球经济市场竞争的加剧，各国的大企业越来越重视研发活动，把开发新产品作为提升竞争力的重要手段，以此来不断适应市场的变化。随着技术创新在企业竞争中的地位越来越重要，在一些国家，特别是经济发达的一些国家，大部分的大企业都设有自己直属的科研机构，科技投入的比重也逐年加大④。大企业在研发上的高投入使其处于技术创新的领先地位，从而使其取得了一系列世界通用标准的制定权，实现了国际市场的控制权。

由此可以看出，大企业在创新中的优势主要体现在以下四个方面：第一，大企业具有创新所需要的较高的固定成本；第二，大企业占有较大的市场优势，可以把创新作为利益最大化的手段；第三，大企业具有降低技术创新的不确定性和风险性的能力；第四，规模经济可以使大企业从创新中获取更大的收益⑤。

1.4 创新驱动与大企业开放式创新

大企业在创新中具有自身的优势，是创新的主体，也是我国创新驱动战略的主体，为提升我国的创新能力和增强核心竞争力发挥着重要的作用。随着我国经济的快速发展，大企业的数量和规模不断增加，各大企业集团通过建立企业技术研究开发中心，与高校、科研院所合作，与国际合作等方式，不仅提高了自主创新能力，也促进了科技成果的转换与先进技术的引进，使我国工业的技术水平和技术创新能力有了大幅度的提高。但国际竞争力还很弱，与发达国家的大企业相比存在着很大的差距，特别是制造业仍然处于国际产业链的中端，

---

①③ 林聘 . 大企业自主创新能力的测度模型研究［D］. 北京：中国航天第二研究院博士学位论文，2008：40-43.

②④ 荣飞 . 大企业技术创新与区域产业发展理论及实证研究［D］. 天津：河北工业大学博士学位论文，2007.

⑤ 常林朝 . 中小企业技术创新研究（一）［J］. 中国软科学，2000（90）：102-105.

具有竞争力的产品也不是很多，大部分企业的出口产品的技术水平偏低，在出口产品中技术含量高的品种比较少，而初级产品占了很大一部分，这样就难以进入更高水平的产品市场①。因此，在实现经济发展方式由要素驱动向创新驱动转变的过程中，要充分认识到大企业开放式创新对经济发展的推动作用，积极提升大企业的开放式创新能力，提升大企业的国际竞争力，提升我国的综合实力。

---

① 翟月雷，徐晶. 辽宁省大企业集团国际竞争力提升途径研究［J］. 会计之友，2010（2）：36-38.

2 大企业开放式技术创新模式的基本理论

2.1 开放式技术创新的相关概念

2.1.1 开放式技术创新

Chesbrough 在 2003 年首次提出了开放式创新的概念，开放式创新与开放式技术创新其内涵是有差异的，开放式创新不仅包含着开放式技术创新，还包含着熊皮特所提出的"创新"概念的其他方面的含义，如组织创新、过程创新等，开放式技术创新是开放式创新的一个组成部分。但在相当一部分文献中，学者们所分析的开放式创新内涵都侧重于开放式技术创新的思想。例如，Chesbrough 在《开放式创新》中提出的开放式创新概念的核心思想是：企业可以同时利用内部和外部有价值的技术资源和市场资源来加快企业的技术创新，并且利用外部的创新来拓展市场[1]。也就是说，有价值的创意可以通过企业的内部和外部来同时获得，新技术的商业化也可以通过内部和外部两条渠道来实现，内部创意同样能够通过外部渠道进入市场，从而产生附加价值[2]。Scott Gallaghe Jodwest（2006）认为，开放式创新是广泛地在企业的内部和外部寻找创新源，将自身的创新能力和资源与获得的外部资源有效地整合起来，通过多种渠道开发市场机会的创新模式[3]，其内涵也是侧重于技术创新层面。可以发现在具体

---

[1][2] 亨利·切萨布鲁夫. 开放创新的新范式［M］. 陈劲译. 北京：科学出版社，2010：1.
[3] 林观秀. 企业开放式创新及其运行机制研究［D］. 广州：暨南大学硕士学位论文，2007：15-16.

的研究中，"开放式创新"和"开放式技术创新"两个概念区别得不是很清晰，本书的研究定位于开放式技术创新，企业的整个开发活动是开放的①，企业通过利用内部和外部的创新思想，进行技术创新活动，通过内部和外部多种途径实现技术创新商业化的创新过程。

2.1.2 利益相关者

开放式技术创新模式强调企业与外部组织合作，利用外部资源，使技术通过外部途径商业化，凸显在技术创新过程中的重要性。在开放式技术创新模式下，企业把新项目有意识地向目标客户、供应商、竞争对手（合作企业）、高校、科研机构等公开，通过内部与外部的接触、交流，促进新创意的输入、输出与碰撞。从外界获取技术创新过程中自身所需要的技术和资源，有机整合内外部的技术与资源，借助内外部多种创新成果的商业化途径提高技术创新的速度和效率，提升自身的竞争优势。同时通过外部途径，可以激活一些不适合本企业发展的新技术，通过其他组织实现其商业价值，从技术的输出中获益。②在这一系列的过程中，离不开利益相关者的协调与配合，利益相关者成为开放式技术创新的一个关键因素。

利益相关者理论最早由哈佛的杜德在1932年提出的，他认为，"公司董事必须成为真正的受托人，他们不仅要代表股东的利益，而且也要代表其他利益主体如员工、消费者，特别是社区整体的利益"③。最早给利益相关者下定义的是美国斯坦福大学（1963）的一个研究小组，他们认为对企业来说存在这样一些利益群体，如果没有他们的支持，企业就无法生存，也就是说，利益相关者是支持组织生存的一些团体。而弗里曼（1984）则对利益相关者管理的概念进行了界定，他认为利益相关者管理理论是一种综合平衡利益相关者之间利益关系的管理活动④。雷恩曼（1964）、阿尔卡法奇（1989）、布瑞纳（1993）等学

---

① 丁堃. 开放式自主创新系统理论及其应用 [M]. 北京：科学出版社，2010：12.

② 陈钰芬，陈劲. 开放式创新：机理与模式 [M]. 北京：科学出版社，2008：58-59.

③ E. Merriek Dodd, Jr. For Whom Are Corporate Managers Trustees? [J]. Harvard Law Review, 1932 (1145).

④ Freeman R. E. Strategie Management：A Stakeholder Approach [M]. Bostoll, MA：Pitinan, 1984；陈润君. 基于利益相关者理论的企业技术创新激励机制研究 [D]. 长沙：湖南师范大学硕士学位论文，2009：7.

者也从不同方面完善和拓展了该理论体系（见表2-1）。

表2-1　相关利益者比较有代表性的定义

提出时间 （年份）	代表人	主要观点
1963	斯坦福大学研究所	利益相关者是一些能支持组织生存的团体
1964	雷恩曼	利益相关者依靠企业实现其个人目标，企业也依靠利益相关者来进行生存和发展
1983	弗里曼和瑞德	利益相关者是组织为实现自身目标所必须依赖的人
1989	阿尔卡法奇	利益相关者是那些企业对其负有责任的人
1991	斯威齐	利益相关者的利益受组织活动的影响，并且他们也有能力影响组织的活动
1993	布瑞纳	利益相关者与某个组织有着一些合法的、长期的和稳定的关系，如交易关系、影响活动及道德责任
1994	弗里曼	利益相关者是创造联合价值的任务过程的参与者
1995	布瑞纳	利益相关者能够影响企业，又能够被企业活动所影响
1995	道纳尔逊和普瑞斯顿	利益相关者是那些在企业活动过程中及活动本身有合法利益的人或团体

资料来源：杨瑞龙，周业安. 企业利益相关者理论及其应用［M］. 北京：经济科学出版社，2000：127-128；江若尘. 大企业利益相关者问题研究［M］. 上海：上海财经大学出版社，2004：8.

　　结合以上各学者对利益相关者的定义，本书认为技术创新的利益相关者是指那些在企业技术创新过程中所依赖并影响其创新目标实现的个体或团体。一方面利益相关者影响企业技术创新目标的实现，另一方面企业技术创新也对利益相关者产生影响。根据其所处位置可以分为内部利益相关者，如股东、高层管理人员及员工；外部利益相关者，如用户、供应商、合作企业、竞争企业、高校、科研机构、政府以及中介机构等。陈钰芬、陈劲（2008）认为，"技术创新的实现是基于多个利益相关者通过吸纳更多的创新要素，形成以创新利益相关者为基准的多主体的创新模式，从而实现企业的价值创造。这些利益相关者包括全体员工、领先用户、供应商、技术合作者和知识产权工作者等"[①]。丁

[①] 陈钰芬，陈劲. 开放式创新：机理与模式［M］. 北京：科学出版社，2008：50-60.

堃（2010）指出，开放式自主创新是一个多主体的利益相关者参与的创新活动，这些利益相关者包括大学、科研机构、政府、风险公司、领先客户和供应商等，是一个多主体共同参与的活动，企业的边界被打开并变得模糊①。本书研究中，将把内部利益相关者作为企业的整体，着重分析企业与外部利益相关者之间的创新合作等②。

2.1.3　开放度

开放度是指企业技术创新过程中对外部资源的利用程度，开放度包括三个维度：开放参与度、开放联结度和开放平稳度。很多学者将开放度定义为对外展开合作的程度，分为广度和深度两个维度③。开放的广度指企业在技术创新过程中，同外部合作者进行合作的范围；开放的深度是指企业在技术创新过程中与外部创新源进行合作程度与频度④。Ahuja（2000）指出，企业可以从外部的企业直接联系数量、间接联系数量和网络的紧密程度三个途径获取信息或占领结构洞获取优势而获益。Katita 和 Ahuja（2002）通过从"深度"和"广度"两个维度分别分析搜索深度和搜索范围来研究企业进行外部技术搜索的战略。这种方式成了研究开放度的雏形。Laursen 和 Salter（2006）研究了开放式创新对企业绩效的影响，在研究中他们汲取了 Katila（2002）及 Katila 和 Ahuja（2002）的研究思想，首次提出了开放度的概念，并研究了企业技术创新开放度对创新绩效的影响。Knudsen（2006）指出，开放度是企业与外部伙伴合作完成研发项目多寡的程度，其影响因素包括对互补知识的需求、企业自身因素、风险的分担及吸收能力和获利机制等⑤。

　　Laursen 和 Salter（2006）认为，开放度是企业搜寻外部创新源的宽度和广

---

① 丁堃. 开放式自主创新系统理论及其应用［M］. 北京：科学出版社，2010：19-20.
② 陶锐. 企业技术创新利益相关者分析与分类管理策略：案例研究［D］. 杭州：浙江工商大学硕士学位论文，2007：10.
③ 吴波. 开放式创新范式下企业技术创新资源投入研究［D］. 杭州：浙江大学博士学位论文，2011：45-53.
④ 陈钰芬，陈劲. 开放式创新：机理与模式［M］. 北京：科学出版社，2008：68-69.
⑤ 吴波. 开放式创新范式下企业技术创新投入研究［D］. 杭州：浙江大学博士学位论文，2011：49-51.

度，他们用开放的广度和深度两个指标来衡量技术创新的开放度①。开放的广度是指企业在技术创新过程中与外部组织合作的数量，即开放的范围；开放的深度是指企业在技术创新过程中与外部合作者合作的频率。于成永（2008）认为，开放度是企业进行内部研发、合作研发以及市场购买选择时研发活动的企业边界开放度②。Knudsen 从技术、知识生产角度将开放度定义为企业之间合作研发项目数的比重③。游达明和孙洁（2008）认为，创新开放度是企业吸纳外部资源及对外部资源的依赖程度，也采用了广度和深度两个指标来进行衡量④。陈钰芬和陈劲（2008）用企业采用外部创新源的频率来表示开放度⑤，并且从深度和广度两个方面分析了中国企业的技术创新开放度，显示出在不同的产业中，企业技术创新的开放度对创新绩效的影响是有区别的。例如，在科技驱动型的企业，开放度和企业创新绩效之间存在着一种倒 U 形的关系，随着开放度的增加创新绩效会有显著的提高，但是过度开放对创新绩效也存在负面影响，将会促使创新绩效下降。在经验驱动型企业中，开放度则与企业创新绩效呈现出一种正线性的关系，开放度增加会促使创新绩效的提高⑥。

Lazzarotti 和 Raffaella（2009）则从两个维度方面进行了探讨，一是技术创新的外部利益相关者的种类和数量；二是在创新过程中企业对外部开放的阶段和数量⑦。Knudsen 和 Mortensen（2011）认为，除了宽度和广度之外，企业内外的合作模式也是分析企业创新开放度的一个指标⑨。于成永（2008）分析了技术创新开放度与研发模式一体化的关系，指出二者的水平呈反向关系，如果采取完全内部的研发创新则开放度最低；反之，如果完全采用外部技术的创新则开放度最高⑨。曹勇、李杨（2011）则认为，影响创新开放度的因素包括外部创

① Laursen K., Salter A. Open for Innovation：The Role of Openness in Explaining Innovation Performance among UK Manufacturing Firms ［J］. Strategic Management Journal, 2006（27）：131-150.

②⑧ 于成永. 基于研发模式一体化视角的开放度影响因素研究 ［J］. 科技进步与对策, 2008（3）：20-24.

③ Knudsen L. G. Determinants of Openness in R&D Collaboration—The Roles of Absorptive Capacity and Appropriability ［R］. The DRUID-DIME Academy, 2006.

④ 游达明, 孙洁. 企业开放式集成创新能力的评价方法 ［J］. 企业管理, 2008（22）：179-181.

⑤ 陈钰芬, 陈劲. 开放式创新：机理与模式 ［M］. 北京：科学出版社, 2008：68.

⑥ 陈钰芬, 陈劲. 开放度对企业创新绩效的影响 ［J］. 科学学研究, 2008（2）：419-426.

⑦ Lazzarotti V., Raffaella M. Different Modes of Open Innovation：A Theoretical Framework and an Empirical Study ［J］. International Journal of Innovation Management, 2009, 13（4）：615-636.

⑨ Knudsen M. P., Mortensen T. B. Some Immediate but Negative Effect of Openness on Product Development Performance ［J］. Technovation, 2011（31）：54-64.

新源、组织模式和知识治理三个维度①（见图2-1）。

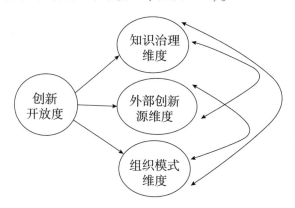

图2-1　创新开放度与其维度之间的关系

本书在借鉴以上学者研究成果的基础上，利用开放度和创新协同能力两个指标来研究开放式技术创新模式对创新绩效的评价。同时扩展了开放度的内涵，将开放度分为开放参与度、开放联结度和开放平稳度三个维度。

2.1.4　创新协同能力

"协同"一词来源于古希腊，意思为"协调合作"，表示一个系统发生变化时，由于各个子系统的协同一致而引起宏观结构的质变，从而产生了新的结构和功能②。对协同理论较早进行研究的学者为德国的哈肯教授，他从物理学的角度对协同理论进行了研究。哈肯教授认为，协同学是一门跨越自然科学和社会科学的横断科学，20世纪70年代，他建立了协同学，研究系统从无序到有序转变的规律和特征。研究发现在系统发展演化中，任何一个系统，各个子系统之间均依靠有调节的、有目的的"自组织"过程，使千差万别的子系统协同作用，并产生新的稳定有序的结构。因此，哈肯给"协同"下的定义为：系统的各部分之间相互协作，使整个系统形成微观个体层次所不存在的结构和特征③。

---

① 曹勇，李杨. 企业创新开放度的多维性与关联性研究综述［J］. 情报杂志，2011（12）：66-71.
② 远德玉等. 企业创新论［M］. 济南：山东教育出版社，2001.
③ H. 哈肯. 协同学：大自然构成的奥秘［M］. 凌复华译. 上海：上海世纪出版集团，2005：21-25.

根据哈肯的观点，所谓协同就是系统中诸多子系统的相互协调、相互合作或同步合作的一种行为，它具有整体性和相关性。从狭义方面来看，协同就是与对方的合作、协作和同步。从广义方面来看，协同既包含合作也包含竞争，系统中的各个要素、各子系统之间存在着相互交错的复杂关系，而不是各种功能的简单叠加。日本的学者伊丹敬之认为，协同能使资源发挥最大的效能，他还将安索夫的协同概念分为"互补效应"和"协同效应"两个方面来理解。协同理论自产生后，被应用到各个领域，特别也为技术创新的研究提供了一种新方法。

开放式技术创新是一个多主体多要素参与的创新活动，因此各方的协作与合作程度如何会直接或间接地影响创新的进程。在开放式技术创新模式下，参与技术创新的各个主体（利益相关者）和各要素之间如果依靠自身的力量将无法实现创新的目标，通过开放系统的物质、流量、信息的合作与交流，进行协作技术创新，从而就改变了原有的旧结构，整个系统会形成一种新的结构。技术创新的各个利益相关者与各种不同的创新要素之间会发生复杂的非线性作用，随着这种协同作用的提高，会使创新系统呈现出一种高度有序的状态，从而促使创新绩效的提高。

2.1.5　创新绩效

企业通过与其利益相关者合作所形成的开放式技术创新模式是企业获取技术创新所需要的知识、技术和资源的一种重要的方式，企业的创新绩效则是考察企业所采取的技术创新模式是否有效的一个衡量标准。

创新绩效的理论是许多研究者所关注的一个领域，对其内涵的阐述也很多。例如，Griliches（1998）认为，技术的绩效是指与 R&D 投入相对应的 R&D 产出的成果。Carroll 和 Schneier（1982）认为，绩效是一个相对的概念，是可以评价的，标准是可以预先设定的。Freeman 和 Soete（1997）认为，狭义的创新绩效是企业实际上把创新引进市场程度的结果，即推出新产品、新工艺和新设备的比率。而广义的创新绩效是指从创意的产生到创新的商业化过程所达到的成就，它包含发明、技术及创新三种绩效的测量。高建等（2004）[①]认为，技术创新绩效是企业技术创新过程的效率、产出的成果及其对商业成功的贡献，包

---

① 高建，汪剑飞，魏平. 企业技术创新绩效指标：现状、问题和新概念模型［J］. 科研管理，2004：14.

括技术创新产出绩效和技术创新过程绩效。田丽娜（2008）认为，企业技术创新绩效是衡量企业实施技术创新活动为企业所带来的效益，评价企业技术创新绩效是对企业创新效果的一种检验①。

对于评价创新绩效的指标，学者们的研究角度各有不同，各有侧重。1993年 CIS（创新调查委员会）提出了两个创新绩效的指标：一是新产品所占销售比例；二是产品生命周期内企业的投入②。陈钰芬和陈劲（2008）根据 Lundvall 教授所提出的科技驱动型产业和经验驱动型产业两类模式，分析了企业实施开放式创新对创新绩效的影响。他们认为，在开放式创新模式下，通过接触用户、掌握用户的信息，有利于对市场需求的准确判断和把握，通过与用户合作可以共享双方所需的创新资源，共担创新风险与成本，可以缩短创新周期，提高创新效率；而且利用外部引进的创意和技术，不仅可以提升企业自身的创新基础，也可以充分利用和整合内部和外部的知识和资源，吸纳更为广泛的创新要素，促进新技术与外界的交流与碰撞，从而促使企业领先于别的企业进行技术的研究与开发。由此可见，开放式技术创新虽然可以通过减小技术和市场的不确定性，对创新绩效产生积极的影响。但由于开放式技术创新需要一定的开放成本，对外部技术的依赖性增强，管理成本增大，这些都会给创新绩效带来负面影响③。Laursen 和 Salter 分析了开放度对创新绩效的影响，认为开放度对创新绩效存在倒 U 形的关系，发现企业越开放，创新能力越强，但过度开放对创新绩效存在负面影响。国际上一般围绕 R&D 绩效来对技术创新具体绩效进行评价。Soderquist 和 Godener（2004）列出了七类 R&D 绩效的评价指标，包括财务标准、客户标准、内部过程标准、创新和学习标准等④。Griffin 和 Page（2001）从顾客接受程度、财务成功、产品和项目成功、公司层四方面的指标来衡量开发绩效。Moser（1984）列出 13 种衡量技术创新绩效的方法。Cooper（1984）整理出三个独立的维度来评价新产品绩效：新产品成功的比率、项目对公司的影响、项目相对的绩效⑤。我国学者马宁和官建成（2005）通过专利数量、创新

① 田丽娜. 企业技术创新财务管理 [M]. 北京：冶金工业出版社，2008：141.

② 马宁，官建成. 影响我国工业企业技术创新绩效的关键因素 [J]. 科学学与科学技术管理，2000，3（3）：6-20.

③ 陈钰芬，陈劲. 开放式创新：机理与模式 [M]. 北京：科学出版社，2008：62-66.

④ Soderquist K. E , Godener A. Performance Measurement in R&D and New Product Development：Setting the Scene [J]. International Journal of Business Performance Management , 2004, 6（2）：107-132.

⑤ Cooper R. G. The Strategy-Performance Link in Product Innovation [J]. R&D Management , 1984（14）：247-259 .

产品数量和创新产品销售比例三个指标来衡量企业的技术创新绩效[①]。

　　本书对创新绩效的评价主要是通过反映开放式技术创新的两个关键因素：开放度和创新协同能力来研究开放式技术创新模式对创新绩效的影响。通过分析三种不同开放式技术创新模式的创新绩效，发现其中的规律与特点，对开放式技术创新的绩效进行评价。其中通过对开放式技术创新内涵的分析提炼出影响创新绩效的因素，通过问卷等方法获取开放式技术创新开放度、创新协同能力和创新绩效相关的数据，利用主成分分析的方法分析开放度、创新协同能力与创新绩效之间的关系。

2.2　大企业开放式技术创新的内涵

2.2.1　大企业开放式技术创新的渊源

　　20 世纪，技术创新成为企业竞争力的重要来源，熊彼特的创新思想被人们所接受和认可，认为技术创新是企业内部的事，企业依靠成功的技术创新获取超额利润，技术的创新、技术的市场化都依靠企业自身来完成，从而实现技术的独享和保密，保证企业在本行业的领先地位[②]，继而使企业不断壮大，形成垄断（见图 2-2）。很多企业也正是遵循这一思想，通过加强自身内部的研发来实现技术创新，并将技术创新推向市场，将其市场化，企业之间很少共享创新成果。Chesbrough（2003a）的"成功的创新需要强有力的控制"的观念成为了管理者们的共识。

　　Chesbrough 将这种创新称为封闭式创新（见图 2-3）。其观点是创意的产生与开发均来自企业内部，企业自行开发新技术，研制新产品，并将新产品推向市场，实现技术创新的市场化。在这种封闭式技术创新模式中，企业的边界是清晰的、明确的，企业与外界之间的知识交流很少，企业通过投入巨额的研发

---

　　① 马宁，官建成. 影响我国工业企业技术创新绩效的关键因素 [J]. 科学学与科学技术管理，2000（3）：16-20.

　　② 陈钰芬，陈劲. 开放式创新：机理与模式 [M]. 北京：科学出版社，2008：43.

资金，进行自行的技术创新。新创意或技术从产生开始经过企业内部的层层筛选，被认为最具有获利机会的创意最后存活下来，然后在企业内部组织研发、试制、生产，并且第一个投入市场，获得收益，最后企业再进行新一轮的创新投入。

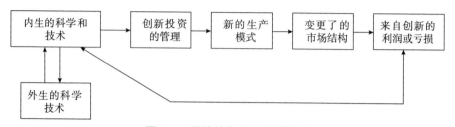

图 2-2　熊彼特大企业创新模型

资料来源：C. Freeman. The Economiccs of Innovation ［M］. Cambridge：Cambridge University Press，1982：212-213.

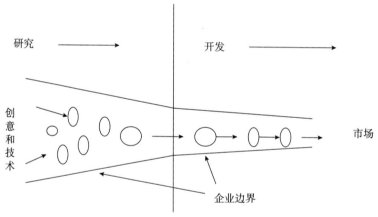

图 2-3　封闭式技术创新模式

资料来源：亨利·切萨布鲁夫. 开放式创新——进行技术创新并从中赢利的新规则 ［M］. 金马译. 北京：清华大学出版社，2005.

　　封闭式技术创新的模式虽然为企业和技术的发展起到了推动作用，但也存在着弊端：在这种模式下，那些无力承担大的研究投入的企业因新技术来源障碍而处于竞争劣势；而大量的技术因其过度开发或者与市场需求相脱离而被束之高阁①。到了 20 世纪后期，随着知识经济的飞速发展和全球竞争的加剧，企

---

　　① 亨利·切萨布鲁夫. 开放式创新——进行技术创新并从中赢利的新规则 ［M］. 金马译. 北京：清华大学出版社，2005.

业技术创新的外部环境发生了很大的变化，大量模仿者的加入削弱了垄断者的地位，传统的封闭式创新模式已经不能适应企业的发展需求：一是技术复杂程度提高，技术创新的知识涉及不同的领域，单一的企业不可能拥有所有领域的知识储备。二是知识人才的流动性变强①，企业很难像以前那样可以长期拥有自己所需要的人才。同时在人才流动过程中，知识扩散的速度也在加快。三是风险市场的兴起，为技术人员的研发提供了广阔的市场，同时搁置在实验室里的技术成果也有了新的选择。四是用户越来越关注企业产品的个性化，对参与企业技术创新的热情也逐渐高涨。这样，人才流动性的增强、知识扩散速度的加快和传播范围的扩大，以及由于风险资本的介入，为被搁置的研究成果商业化提供了条件，使企业传统的封闭式创新模式受到前所未有的挑战，无论企业技术力量如何雄厚，在其所处的市场竞争中都不可能拥有其技术创新所需要的全部知识、资源和技术（Teece，1986），因此促使企业由"封闭式技术创新"向"开放式技术创新"的模式转变，积极探索与利益相关者之间的合作。开放式技术创新的思想使企业不仅利用自己的资源来进行技术创新，技术创新的创意既可以来源于企业内部，也可以通过各种途径从企业外部获得，同时技术创新的成果也可以通过内外部两种途径实现其商业化（见图2-4）。

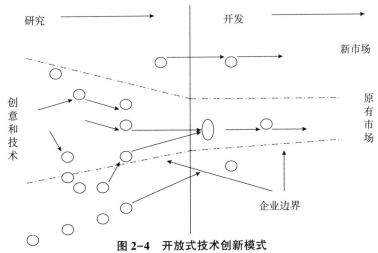

图 2-4　开放式技术创新模式

资料来源：亨利·切萨布鲁夫. 开放式创新——进行技术创新并从中赢利的新规则［M］. 金马译. 北京：清华大学出版社，2005.

----

① 陈钰芬，陈劲. 开放式创新及其运行机制研究［M］. 北京：科学出版社，2008：12.

2.2.2 开放式技术创新的定义

在知识经济全球化的环境下，由于信息传播速度加快，社会需求多样化，产品生命周期缩短，对企业的技术创新提出了更高的要求，传统的封闭式技术创新模式已经不能很好地适应社会发展的需求，企业需要寻找新的技术创新模式。哈佛商学院的亨利·切萨布鲁夫（Chesbrough）在对美国高科技企业广泛调研的基础上，首次提出了开放式创新的概念，并且进行了不断的完善，其基本思想是：企业可以同时利用内部和外部有价值的资源来加快内部创新，并且利用外部的创新来拓展市场①。有价值的创意可以通过企业的内部和外部来同时获得，新技术的商业化也可以通过内部和外部两条渠道来实现，内部创意同样能够通过外部渠道进入市场，从而产生附加价值②。该思想的提出受到了产业界和学术界的广泛关注，国内外的学者都从不同的角度对开放式技术创新进行了定义（见表2-2），但大都没有脱离亨利·切萨布鲁夫的思想。

表2-2 各学者对开放式技术创新的定义

学者（年份）	定义
Chesbrough（2003）	有价值的创意可以从公司的外部和内部同时获得，其商业化路径可以从公司内部进行，也可以从公司外部进行
Scott Gallaghe 和 Jodwest（2006）	开放式技术创新是广泛地在企业的内部和外部寻找创新源，将自身的创新能力和资源与获得的外部资源有效整合起来，通过多种渠道开发市场机会的创新模式③
Pénin（2008）	开放式技术创新是开放的科学，是以用户为中心的创新，免费自由开放源代码软件，集合发明（Allen）等④。他还认为知识产权对保障开放式创新非常重要
Frank Piller 和 Christian Schaller（2003）	开放式创新是系统地从消费者和使用者那里收集和整合信息来产生创新、修正或规范服务的过程

①② 亨利·切萨布鲁夫. 开放创新的新范式［M］. 北京：科学出版社，2010：1.

③ 林观秀. 企业开放式创新及其运行机制研究［D］. 广州：暨南大学硕士学位论文，2007：15-16.

④ Pénin J, Wack J P. Research Tool Patents and Free-librebiotechnology: A Suggested Unified Framework［J］. Research Policy, 2008.

续表

学者（年份）	定义
陈劲（2006）	开放式技术创新将吸纳更多的创新要素，形成以创新利益相关者为基准的多主体创新模式
杨武（2005）	开放式创新意味着好的技术解决方案可以从企业外部也可以从企业内部获取，开放式创新策略对来自内部和外部的创新理念同等对待，以期以最小的成本、最短的时间，将创新呈献在消费者面前
纪圣森（2006）	开放式创新是均衡协调企业内部和外部的资源来产生的创新思想，不仅把创新的目标寄托在传统的产品经营上，还积极寻求外部的技术特许、技术合伙、战略联盟或者风险投资等合适的商业模式来把创新思想变为现实
朱朝晖和陈劲（2008）	企业在技术创新过程中，综合利用企业内部和外部互补的创新资源实现技术创新的范式[1]
葛秋萍（2010）	开放式创新是指通过创新活动地图的改写及组织边界的突破，同时利用组织内外互补的创新资源，在创新链的各个阶段与多种合作伙伴进行多角度动态合作的创新模式，其核心在于组织外部创新源的无边界流入和内部创新源的自由流出。在这里，创新源既包括创新资源（如技术、信息、知识、资金等由创新主体所带来的有形或无形的资源），又包含创新主体本身（全体员工、用户、供应商、经销商、竞争对手、大学和科研机构、政府机构、咨询公司等可以提供创新资源的实体）[2]
吴波（2011）	开放式创新是企业努力从外部获取所需技术和其他资源进行创新的创新模式[3]

　　综合各方面对开放式技术创新定义的研究，本书认为大企业开放式技术创新是指大企业的整个开发活动是开放的[4]，大企业通过利用内部和外部的创新思想，进行技术创新活动，通过内部和外部多种途径实现技术创新的商业化的创新过程。这一概念包含着以下几层含义：

---

①　朱朝晖，陈劲. 开放式创新的技术学习模式 [M]. 北京：科学出版社，2008：51.

②　葛秋萍. 经济收益驱力下开放式创新模式的实施条件选择 [J]. 自然辩证法研究，2010（2）：83-87.

③　吴波. 开放式创新范式下企业技术创新资源投入研究 [D]. 杭州：浙江大学博士学位论文，2011：20.

④　丁堃. 开放式自主创新系统理论及其应用 [M]. 北京：科学出版社，2010：12.

一是开放式技术创新是相对于传统的封闭式技术创新而言的，封闭式技术创新强调的是创新源只来源于企业自身，技术研发及创新成果的商业化也由企业自身来实现。而开放式技术创新则强调创新源可以来源于企业内部也可以来源于企业外部，企业内部的创意可以被自己内部所采纳，也可以走向外部，通过外部力量实现技术创新。

二是企业的边界是模糊的①、可渗透的，技术创新思想可以通过企业内外部两条途径来获得。企业中的一部分创意也会随着人员流动、企业合作等方式从企业内部渗透出去。

三是企业中一些被搁置的技术可能会在新的市场中获得巨大价值。

2.2.3　大企业开放式技术创新的特征

Chesbrough 提出的开放式技术创新概念强调企业外部创新源与外部市场渠道的重要性，以及相互之间的交流与渗透②，与传统的封闭式技术创新在原则方面有着本质的区别（见表2-3）。

表2-3　开放式技术创新与封闭式技术创新的基本原则

内容	开放式技术创新	封闭式技术创新
用人理念	我们不拥有所有的最优秀的研发人员，我们需要与企业内外最优秀的研发人员合作，使其为我们工作	我们要尽量拥有本行业最优秀的研发人员为我们工作
创意来源	并非只有自己进行研发才能从中获利	只有自己研发，才能最先将创新成果投入市场
研发方式	如果能够充分利用企业内外部的创意，就会成功	如果我们有了本行业中最好的创意，就会取得胜利
研发过程	内部的研发工作需要分享外部研发工作所创造的巨大价值	我们必须通过自己的研发、生产并商业化，实现从研发中获利
商业模式	建立一个更优的企业模式比将创新成果第一投入市场更重要	第一个将创新成果推向市场就意味着胜利

①②　朱朝晖，陈劲．开放式创新的技术学习模式［M］．北京：科学出版社，2008：51.

内容	开放式技术创新	封闭式技术创新
专利使用	可以利用我们的知识产权进行获利，同时也可以通过购买他人的知识产权提升企业的发展	控制好了本企业的知识产权，就可避免竞争者们从中获利

资料来源：朱朝晖，陈劲. 开放创新的技术学习模式［M］. 北京：科学出版社，2008.

从以上二者基本原则的比较中，我们可以发现，开放式技术创新与以往创新理论的不同之处①，主要表现在：开放式技术创新的思想强调了外部创新源的重要性，外部创新源与内部创新源同等重要，是企业技术创新的关键环节；技术创新的知识更加丰富；知识产权管理在开放式技术创新中起到了积极的作用。经济价值的实现途径不一样，企业的研发成果通过商业模式实现经济价值；在评估研发项目时与商业模式相关的两类错误可以避免；知识和技术可以通过人才的流动、企业之间的交流合作等方式实现有目的的外部流动。开放式技术创新的兴起促使了创新中介的出现；企业创新能力与创新绩效的评估有了新的测量指标。

开放式技术创新在知识经济全球化、市场竞争愈加激烈的环境中，依靠其"开放"的特征适应了企业的发展需要，成为企业技术创新的一个主要方式。

（1）创新环境的开放性。现代信息技术和全球信息网络的快速发展为知识的高效率传播和应用创造了一个全新的信息平台，从而在企业的周围形成了一个巨大的信息库，而现代通信技术和网络技术的发展也增加了信息和技术的传播和获取途径，企业可以根据自己的需要从中获取有用的信息和技术，为自己的技术创新提供或补充资源；同时风险投资的兴起为企业的技术创新提供了充足的动力支持。开放的创新环境加快了人才在市场上的流动，为企业提供了人才保证。

（2）创新主体的多元性。在开放式技术创新模式下，技术创新的主体不单单是企业，与此相关的供应商、用户，竞争企业、合作企业，大学、科研机构，政府、中介机构等利益相关者都可以成为技术创新的主体，根据自身需要，联合起来开发新技术，完善新产品，实现合作共赢，风险共担。

（3）创新资源的广泛性。开放式技术创新模式下，企业在技术研发过程中

---

① 丁堃. 开放式自主创新系统理论及其应用［M］. 北京：科学出版社，2010：11.

不仅只依靠自身的技术和资源，企业注重内部资源与外部资源的整合，不仅可以从公共的信息库中获取创新资源，还可以从利益相关者中获取大量不同的知识和互补性的创新资源，并不断向外部开辟新的市场。

（4）创意途径的多样性。在开放式技术创新模式下，企业打破了以前只依靠自身来进行研发的模式，充分吸收和利用企业外部有价值的创意，除了自身的不断研发外，还通过与其他组织的合作、技术购买、技术联盟等形式进行研发，扩展了创意的来源途径。

（5）创新过程的互动性。开放式技术创新更加注重与供应商、用户、相关企业、竞争企业以及大学、政府、中介机构等的广泛联合互动，形成了一个互动的创新网络，来降低创新成本，提高创新的成功率。

（6）商业模式的灵活性。开放式技术创新灵活的商业模式不仅将创新资源的获取从企业内部延伸到企业外部①，同时也以更为合理的方式对其进行吸收和应用，同时促进了创新成果的市场化进程，实现其经济价值，也使曾经被"淘汰"的技术通过风险投资公司进行开发应用，寻求到新的市场。

2.2.4 大企业开放式技术创新的动力机制

（1）开放式技术创新动力机制的概念。根据《现代汉语词典》中的解释，"机制"是指机器的构造和工作原理；有机体的构造、功能和相互关系；某些自然现象的规律；一个工作系统的组织或部分之间相互作用的过程和方式。由此可以看出，所谓"机制"是指一个系统中各个因素之间相互联系、相互作用、结构功能及其所遵循的运行规则的总和②。

所谓开放式技术创新的动力机制是指技术创新系统在企业内部和外部环境运行的过程中，内外各要素在遵循一定规则的条件下彼此之间所形成的相互联系、相互作用的互动关系的总和。首先，技术创新动力机制具有互动性。在开放式技术创新的模式中，技术创新系统处于一个开放的环境当中，但各个动力要素并不是孤立存在的，它们通过一定的运行规则，相互依存、相互作用、相互制约，从而形成了一个有机的整体。其次，技术创新动力机制具有目的性。

---

① 陈双双. 知识吸收视角下集群企业开放式创新模式研究 [D]. 杭州：浙江师范大学博士学位论文，2011：2.

② 田文宾. 装备制造业技术创新动力机制研究 [J]. 东北财经大学学报，2008（2）：63-67.

在开放式技术创新环境中，各个创新主体为最终提升自身的竞争力，有目的地通过独立研发，或是为了分担研发成本、分散风险，获得研发规模以及新技术、新资源、新市场等而采取合作创新等方式，积极参与其中，发挥自身的优势，从而影响技术创新活动。最后，技术创新动力机制具有动态性。随着社会经济发展及企业不同发展阶段的需要，技术创新的动力机制也始终处于一种能动的变化过程之中。

（2）开放式技术创新动力机制的模式。从熊彼特的创新概念提出开始，很多学者就致力于技术创新动力机制模式的研究，归结起来有如下七种模式：

1）技术推动式创新模式。熊彼特是技术推动式模式的代表，该模式认为技术创新的主要动力是技术本身的发展和突破。

2）需求拉动式创新模式。美国经济学家施莫克勒是该模式的代表，他在《发明与经济增长》中认为，发明同其他经济活动一样，也受市场需求的引导和制约，所以他认为技术创新的原动力是社会需求，市场需求拉动技术创新。

3）"耦合"式创新模式。该模式是在技术推动式和需求拉动式两种模式的基础上而产生的一种创新模式，沃尔什认为，技术创新是一个复杂的过程，单独的推动或拉动并不是创新的唯一动力，技术创新一方面要依据现有的技术与能力，另一方面也要考虑市场的需求，是在二者的交互作用下进行的，是技术与市场之间相互作用、相互协调的结果，而不是前两种模式的简单相加与组合①。而罗森博格也指出："基础科学技术同市场需求的结构通过互动的方式在创新中起着核心的作用，忽略任何一方都会导致结论和政策的错误②。"

4）技术规范—技术轨道式创新模式。英国经济学家多西（G. Dosi）在纳尔逊、温特"自然轨道"理论的基础上，提出企业进行技术创新并不是随意的，技术创新受企业自身技术基础的影响，遵循一定的技术范式而展开，这种技术范式具有很强的排他性，决定着企业技术创新所研究的领域及程序等，是"解决技术问题的一种模式或模型"。如果这种范式在较长的时间内发挥作用就会固化形成一种"技术轨道"，在这条轨道上会有持续的创新不断涌现，从而增加企业技术的积淀，不断更新企业的技术储备。

5）需求—资源关系创新模式。日本学者斋藤优的需求（N）—资源（R）

---

① 张春阳. 我国制造业企业技术创新动力机制研究［D］. 哈尔滨：哈尔滨工程大学博士学位论文，2008：15-16.

② Nathan Rosenberg. Inside the Black Box. Cambridge University Press［M］//冯晓莉. 我国企业技术创新动力机制研究［D］. 西安：西北大学博士学位论文，2005：14-15.

关系式创新模式①认为，社会需求与社会资源之间的矛盾是技术创新的主要动因，技术创新的过程就是利用有限的资源不断解决社会需求的过程，需求与资源之间的矛盾会极大地促进技术创新的进行。企业通过不断的技术创新和提高资源利用率，以解决或缩小二者之间的矛盾，最终实现满足社会需要。

6) 多元论创新模式。多元论创新模式认为，开放式技术创新的动因除了需求、技术两个主要的因素外，还有其他的动力因素。三元论认为，企业技术创新的动力除了技术推动和市场拉动两个因素外，还包括政府的支持和激励因素。四元论创新模式认为，技术推动、市场拉动、政府的支持以及企业家的创新精神共同构成了技术创新的动力因素。五元论创新模式认为，自组织也是技术创新的动力之一。②

7) 网络式创新模式。随着信息技术的蔓延和经济全球化的发展，产品的生命周期不断缩短，新产品的开发速度逐渐成为影响企业竞争力的关键因素，企业越来越关注核心技术的发展，很多企业充分运用信息技术和互联网的便捷条件，在一个相对开放的环境下，结成战略联盟，共同实施技术创新活动。

2.3　大企业开放式技术创新模式

开放式技术创新在现代企业发展中已经成为一种范式，如今企业很少进行单独的封闭式技术创新，很多企业更倾向于与该企业的供应商、用户、大学和研究机构、合作企业甚至竞争企业以及中介机构合作，以此来获取新产品的构思或是新技术等。开放式技术创新模式不仅能使企业从外部获取更多的创新资源，也能从外部获得越来越多的创新思想和有效的利用外部知识的能力。

2.3.1　大企业开放式技术创新模式的内涵

大企业是一个相对性的概念，一般认为大企业就是指企业规模巨大的企业。各个国家对其的划分标准也不尽相同，但基本上都是根据企业的规模、从业人

---

① Edwn Mansfisld. Industrial Innovation in Japan and the United States [J]. Science, 1988: 49-50.
② 郑丽坤. 企业技术创新动力机制研究 [J]. 现代商贸工业, 2010 (1): 25.

数、营业额和资产总额等来区分，一般可以把企业分为大型、中型和小型三种①。它具有相对性、区域性和动态性等特点，通常人们提及大企业都是相对于小企业而言的。本书认为大企业就是在一定的区域范围内，规模相对巨大，具有规模经营活动，并有强大影响力的企业。

所谓模式是指主体为解决某一问题所采取的方式或方法。开放式技术创新模式也有学者称为"创新网络"或是"模块化"，国内外的学者从不同的视角对大企业开放式技术创新模式进行了系统的研究。例如，Edler 等（2002）发现，在追求突破性技术创新过程中，大企业与小企业相比更多地采用开放式的创新模式，大企业是开放式技术创新模式的主导②。Cohen 等（2002）发现大型企业和新成立企业更容易从前沿学术研究中获益③。Gassmann（2006）的研究表明在实施开放式创新模式中，大企业和小企业所考虑的影响因素是有差异的④。日本学者伊丹敬之（2009）则将技术创新模式分为积累型、分散型、并列型和混合型等独特的组织方式。杨静武（2007）提出企业要实施开放式创新模式，需要有很强的吸收能力、转换能力和技术扩散能力⑤。彭正龙（2010）、胡成浩（2008）、马家喜（2008）、藤堂伟（2008）等分别从资源共享、知识产权战略、组织形式、创新集群等方面研究了大企业开放式技术创新模式。

这些研究基本上都继承了 Chesbrough 的思想，认为开放式技术创新模式将企业的内部和外部所有的有价值的创意统一于一个系统之内，通过内部和外部两条途径，实现技术创新的商业价值。同时也可以通过外部渠道，将企业暂时闲置的创意商业化，实现其市场价值。本书认为大企业开放式技术创新模式是指大企业在特定技术创新体制下，基于创新过程，对主体所掌握的资源与能力进行优化配置的一种方式，技术创新的模式不同，企业创新过程的运行机理也呈现显著差异。

---

① 荣飞. 大企业技术创新与区域产业发展理论及实证研究 [D]. 天津：河北工业大学博士学位论文，2007：28.

② J. Edler, F. M. Krahmer and G. Reger. Changes in the Strategic Management of Technology：Results of a Global Benchmarking Study [J]. R&D Management，2002（32）：149-164.

③ W. M. Cohen, R. R. Nelson and J. Walsh. Links and Impacts：The Influence of Public Research on Industrial R&D [J]. Management Science，2002（48）：1-23.

④ O. Gassmann. Opening Up the Innovation Process：Towards an Agenda [J]. R&D Management，2006（36）：223-228.

⑤ 杨静武. 开放式创新模式下的技术创新能力研究 [J]. 财经理论与实践，2007（2）：98-102.

2.3.2 开放式技术创新模式与企业边界

开放式技术创新导致了企业边界的模糊性，企业之间是可以相互渗透的，企业边界随着外部环境的变化而产生变化，不同的学者和学派对企业边界也有不同的理解（见表2-4）。新古典经济学学派认为，技术因素决定了企业的边界问题，因此企业边界与市场是不相容的，是相互独立的；交易费用经济学派则认为，企业的本质是对市场的一种替代，企业边界由资产专用性、交易频率以及不确定因素所共同决定。新产权理论学派认为，企业与市场是有差别的，其原因在于企业存在着剩余控制权，因此在契约不完全的情形下可通过激励专用性投资达到所需目的（Grossman 和 Hart，1986）①。

表2-4　各学派对企业边界的理解

学派	观点
新古典经济学	企业的出现是分工的产物，是预先给定的、用以满足消费者需要的生产单位。企业的边界主要是由生产中的技术因素决定的，企业与市场互不兼容
交易费用经济学	企业的本质是对市场的替代，企业用权威关系代替价格机制能够节约交易费用，企业的边界就在于当一项活动由企业内完成所产生的边际组织成本与其由市场交易来完成所产生的边际交易成本相等的那一点上（Coase，1937），企业的边界由资产专用性、交易频率和不确定性等因素共同决定（Williamson，1985）
新产权理论学派	企业是一种物质资产的集合，企业与市场的差别在于存在着剩余控制权，从而在契约不完全的情形下可以激励专用性投资（Grossman 和 Hart，1986）

资料来源：张继林．价值网络下企业开放式技术创新的运行过程及运营条件研究 [D]．天津：天津财经大学博士学位论文，2009.

企业的边界可以分为无形边界和有型边界两种，在封闭式技术创新模式下，这两种边界是相互重叠在一起的，随着开放式技术创新模式的形成与发展，二者的关系发生转变，企业的边界逐渐开始变得模糊，企业的内部市场与外部市场相互渗透、融合，具有核心能力及竞争力的核心企业边界不断向外拓展，这

---

① 张继林．价值网络下企业开放式技术创新过程模式及运营条件研究 [D]．天津：天津财经大学博士学位论文，2009：62.

样传统纵向一体化的模式被网络式的模式所替代，企业边界被打破。

开放式技术创新模式下的大企业边界始终处于一种动态的变化之中，企业的核心能力成为企业竞争优势的关键要素。一般情况下核心企业与一般企业的定位是固定不变的，但如果一般企业的核心能力转换成为企业竞争的优势因素，则一般企业会成为核心企业，其规模和边界也将随之扩展。反之，核心企业的技术创新能力下降，那么将沦为一般企业，其规模与边界也将缩小。

2.3.3 开放式技术创新模式的表现形式

早期从技术来源的角度，一般将创新分为自主创新、模仿创新和引进消化吸收再创新等。但开放式技术创新的途径或轨迹会呈现出复杂多元的景象，而且开放式技术创新模式具有开放性及边界模糊性的特征，根据技术创新的利益相关者、动机、行为特征和目标不同，可以形成不同的技术创新表现形式。

首先，根据开放式技术创新的利益相关者不同，可以形成内部化的技术创新模式，例如，企业内部自己成立的技术创新小组，技术研发中心；外部化的技术创新模式，例如，与大学合作建立的技术创新基地，或是针对某个项目组成的联盟；除此以外，还有混合型的技术创新模式，除了自身所拥有的技术创新组织之外，与其他的利益相关者所组成的技术联盟或是技术共同体。

其次，根据行为特征不同，可以形成纵向型技术创新模式，处于产业链不同环节或不同生产阶段的竞争企业为获取共同的技术创新而相互合作、风险共担、成果共享，例如，丰田与其供应商日本电装公司的合作；横向型技术创新模式，处于产业链相同环节或相同生产阶段的竞争企业为获取共同的技术创新而相互合作、风险共担、成果共享，如松下的共荣会；混合型技术创新模式，是以上二者的综合，为提升竞争力和开发新技术，与不同的利益相关者进行合作，共同开发新技术，开拓新市场的一种合作方式。

最后，根据动机不同，可以分为松散型和紧密型技术创新模式。松散型的技术创新模式，企业针对某一项目，利用相关的创新网络形成技术创新组织，随着项目的结束，该组织也随之解散。紧密型的技术创新模式，利益相关者从企业战略或国家战略的层面上进行长期的、持续的、紧密的合作。此外，根据利益相关者目标的不同，还可以形成契约型技术创新模式、资本型技术创新模式和职能型技术创新模式等。

2.3.4 开放式技术创新模式对大企业的影响

在开放式技术创新的模式下大企业可以从外部环境中获取更多的技术创新所需要的各种资源，无论从提高自身的技术创新能力，还是从降低研发成本或是降低投资风险等方面，对大企业来说都有着重要的意义。

一是开放式技术创新有利于提高大企业的技术创新能力。Pisano（1990）指出，不同的组织通过合作可以共享创新资源和共担创新风险，既能够缩短创新的周期，还能提高大企业技术创新的效率，有利于技术创新能力的提升[1]。Das 和 Teng（2000）认为，不同技术领域的合作有利于产生全新的技术，获得技术的突破[2]。在开放式技术创新模式下，企业通过合作，可以从对方企业或组织学习到更多的知识和获得更多的创新资源，从而提高自身的技术创新能力。Wolpert（2002）指出，没有哪个企业能拥有足够的智慧和资源来有效利用和实现它的每一项新发现，而开放式技术创新模式则为其提供了有效的途径[3]。企业可以通过外部专利权转让内部技术的方式从中获益，提升企业技术创新的影响力[4]。在开放式技术创新的模式下，企业与企业之间的竞争不仅取决于企业之间的技术和产品的竞争，还受到新产品开发所需时间和市场占有率的影响。企业通过运用开放式的技术创新模式，可以快速了解客户及市场的需求，通过整合资源缩短研发时间，占领竞争市场，提高企业的竞争力。

二是开放式技术创新影响企业的研发成本及效率。在开放式创新模式下，一些研发所需要的技术可以直接从企业外部获得，企业在此基础上通过深度挖掘新技术的潜在市场机会实现价值的突破，节省了新技术在前期研发所需要的大量资金、人力、物力等的投入，不仅降低了研发的成本，也提高了研发的效率，开放式技术创新成为提高研发效率的有效途径[5]。

三是开放式技术创新模式可以降低大企业技术创新的不确定性。在开放式

① G. Pisano. The R&D Boundaries of the Firm：An Empirical Analysis［J］. Administrative Science Quarterly，1990（35）：153-176.

② T. K. Das，B. S. Teng. A Resource-based Theory of Strategic Alliances［J］. Journal of Management，2000，26（1）：31-60.

③ J. D. Wolpert. Breaking Out of the Innovation［J］. Harvard Business Review，2002（8）：76-83.

④ D. Rigby，C. Zook. Open-market Innovation［J］. Harvard Business Review，2002（10）：80-89.

⑤ Hans Georg Gemünden，Soen Salomo and Katharina Hozle. Role Models for Radical Innovations in Times of Open Innovation［J］. Journal Compilation，2007，16（4）：408-421.

技术创新的模式下，企业在进行自我内部研发活动的同时，根据自身的创新资源情况有选择地与多个利益相关者进行全面的合作，并密切关注和跟踪外部的先进技术，以吸收和利用自身所需要的外部创新资源，弥补自己的不足，这样将会减小自身技术的不确定性，从而提高技术创新效率[①]。同时，企业也可以从中发现新的商机，把企业内部暂时搁置了的项目推向市场，找到买主和合作伙伴，将其实现商业价值，增加经济收益，这样不仅可以降低技术外泄的风险，也能填补研究开支，还能为企业带来新的收益，促进研发工作的良性循环[②]。

[①] 王继飞. 开放式创新模式下我国制造业外部知识源搜索策略的研究 [D]. 哈尔滨：哈尔滨工业大学博士学位论文，2009：12-20.

[②] 张继林. 价值网络下企业开放式技术创新过程模式及运营条件研究 [D]. 天津：天津财经大学博士学位论文，2009：59.

3 大企业开放式技术创新模式的概念模型

3.1 大企业开放式技术创新模式的构成

开放式技术创新强调了外部创新源和外部市场化及技术合作的重要性。在开放式技术创新模式下，企业把新项目有意识地向目标客户、供应商、竞争企业（合作企业）、高校、科研机构、中介等公开，通过内部与外部的接触、交流，促进新创意的输入、输出与碰撞。从外界获取并整合技术创新过程中自身所需要的技术和资源，借助内外部多种创新成果的商业化途径提高技术创新的速度和效率，提升自身的竞争优势。同时通过外部途径，可以激活一些不适合本企业发展的新技术，通过其他组织实现其商业价值，从技术的输出中获益①。

大企业开放式技术创新模式是技术创新的不同利益相关者依据各自的资源禀赋以及行业竞争情况、市场空间和创新技术属性等有目的地展开的技术创新活动，基于不同的利益相关之间的作用关系会形成不同的开放式技术创新模式，通常可以划分为横向型技术创新模式、纵向型技术创新模式以及混合型技术创新模式等（见图3-1）。

3.1.1 利益相关者

利益相关者是指那些企业在技术创新过程中所依赖并影响其创新目标实现的个体或团体。一方面利益相关者影响企业技术创新目标的实现，另一方面企

① 陈钰芬，陈劲. 开放式创新：机理与模式 [M]. 北京：科学出版社，2008：58-59.

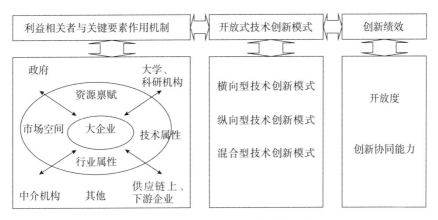

图 3-1 开放式技术创新模式的构成

业技术创新也对利益相关者产生影响。根据其所处位置可以分为内部利益相关者，如股东、高层管理人员及员工；外部利益相关者，如用户、供应商、合作企业、竞争企业、大学、科研机构、政府以及中介机构等。在本书研究中，将把内部利益相关者作为企业的整体，着重分析企业与外部利益相关者之间的创新合作等①。

开放式技术创新是一个多利益相关者参与的创新过程，利益相关者参与的程度、参与的方式都会对技术创新的结果产生直接或间接的影响。现有文献中，关于利益相关者与技术创新绩效之间的定量研究比较少，一般都集中在定性研究方面。但利益相关者的理论为企业绩效的评价提供了借鉴。例如，贾生华等（2003）从员工的利益诉求及实现方式的视角阐述了基于利益相关者要求的绩效评价方法及应用过程。陆庆平（2006）指出，应在正确处理企业的利益相关者与企业间利益关系的基础上，实现企业价值最大化。单航英（2008）运用多元回归的分析方法，从权力和利用的角度分析利益相关者对技术创新绩效的影响②。

（1）用户。传统的创新观念认为技术和产品的创新只是企业内部研发部门和相关人员的事情。但随着知识经济的发展，用户创新成了很多企业争相尝试

① 陶锐.企业技术创新利益相关者分析与分类管理策略：案例研究［D］.杭州：浙江工商大学博士学位论文，2007：10.

② 单航英.企业利益相关者与技术创新绩效关系影响［D］.杭州：浙江工商大学硕士学位论文，2008：7-13.

的范例。特别是在国外，"用户参与创新"已经成为众多企业所采取的一种创新模式。很多研究人员也发现，大多数的新产品其创意都来源于顾客[①]。在技术创新进程中，市场是创新的起点和终点，是创新成功与否的一个标志。如果技术创新的思想来源于用户，则创新成果容易被用户很快地接受和认可，这样新产品就容易占领和开辟新市场，为企业带来直接的经济效益。例如，以勇于创新而闻名的美国的 3M（Minnesota Mining and Manufacturing）公司[②]在开发新产品的过程中始终与顾客保持着密切的联系，利用观念超前的领先用户的创新开发新产品，大大提高了新产品的收益率。我国海尔集团的"人人都是创新 SBC"的机制，让员工积极加入创新的队伍之中，充分调动了员工的潜能，从而提高了企业的创新绩效。Lettl 等（2006）认为，用户参与创新的现象在很多的领域中都存在，特别是关注领先用户的参与情况。很多企业在实践中通过领先用户向其提供的产品新概念和信息，可以开发出具有较好市场前景的产品，不仅缩短了新产品的开发时间和成本，也提高了创新的效率。

（2）供应商。在开放式技术创新模式下，供应商在企业特别是制造业的技术创新活动中的作用越来越明显，已成为企业的一个重要战略性资源。在二者基于共享利益、共担风险的合作关系中，企业从供应商那里获取质优价廉的原材料，而供应商从企业那里获取稳定的原材料需求量和稳定的收益，从而实现双方的共赢。分销商通过与企业合作也可以从中获得有竞争力的产品和优惠的出厂价，从而满足消费者的需求。基于各自不同的需求，如果双方共同参与到企业的技术创新活动中来，就可以为新产品的开发和原材料的改进提供切实可行的方案，不仅有利于缩短新产品的开发周期，也会节省研发成本，减少技术创新的不确定性和风险[③]。

（3）竞争企业。在激烈的市场竞争中，企业的技术创新能力已越发成为企业生存和发展的命脉。在如今的创新中，无论企业的规模多么庞大，资源多么丰厚，都无法保障拥有技术创新所需要的所有资源和技术。如果企业的创新能力在市场中占有绝对的领先地位，则会威胁到其他企业的发展，面临着其他企业的模仿和追赶，在这种情况下，可以采取和竞争企业合作，共同进行技术研

① 陈钰芬，陈劲. 开放式创新：机理与模式 [M]. 北京：科学出版社，2008：52.

② 3M 公司全称明尼苏达矿务及制造公司、Minnesota Mining and Manufacturing，1902 年创建于美国，是一个多元化的著名跨国企业，以勇于创新、产品繁多著称。

③ 单航英. 企业利益相关者与技术创新绩效关系研究——以浙江省为例 [D]. 杭州：浙江工商大学硕士学位论文，2008：6-13.

发，实现创新成果的共享，共同分享技术创新所带来的收益。

（4）大学及科研机构。大学和科研机构可以看作是技术创新的一个知识储备库。企业与大学和科研机构进行产学研合作是减少技术创新风险、提高技术创新能力和水平的一种有效形式。

首先，大学和科研机构可以提供包括以科学知识、技术知识为核心的"知识库"。大学和科研机构中有着大量的专业人才，有着丰厚的专业知识，可以为企业的相关研究提供丰富的科学知识和理论支持，同时丰厚的研究成果可以极大地促进企业的技术创新。其次，大学和科研机构可以实现技术成果的产业化、实用化。大学和科研机构与企业进行合作，可以促使一些科研成果得以开发和生产，实现其商业价值。同时也会催生一些新的企业的产生，成为技术成果的孵化器。最后，大学和科研机构还可以为企业培养和培训技术创新所需要的各种人才，促进企业的技术创新活动①。大学和科研机构是培养创新型人才的基地，对技术的研究和掌握具有前瞻性和开拓性，通过与其合作可以提高企业研发人员的专业素质，保证研究的质量。

大学和科研机构在技术创新中的作用如图3-2所示。

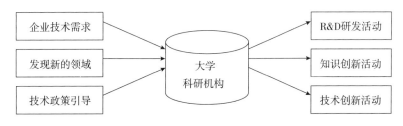

图3-2 大学、科研机构作用

资料来源：丁堃. 开放式自主创新系统理论及其应用［M］. 北京：科学出版社，2010.

（5）政府和中介机构。任何的技术创新活动都是基于一定的制度体制及市场环境的，企业的技术创新活动不仅受到市场竞争机制的影响，也受到相关政策的影响。因此，企业在技术创新活动中，应加强与政府之间的联系。政府作为管理者虽然没有在企业运作中投入具体的资产，但却可以通过宏观调控的作用对企业的技术创新产生积极影响，例如，通过相关的政策制定和制度安排激发企业的技术创新积极性，通过积极规划和引导，减少企业技术创新的风险性，通过搭建公共技术平台，为企业技术创新提供支持服务，提高技术创新效率。

---

① 丁堃. 开放式自主创新系统理论及其应用［M］. 北京：科学出版社，2010：47-48.

中介机构是指行业内部自发形成的用于调节组织之间关系的行业协会等，其通常能够为组织间的开放式技术创新合作提供良好的沟通、监督及协调等服务，并能够促进合作过程中的公平公正的交流环境和诚信机制的建立，有利于促进组织间的开放式创新合作与交流。

3.1.2 关键要素

关键要素是指影响大企业与其他组织间进行开放式技术创新合作、交流的一些影响因素，这些影响因素会对大企业与其他组织之间的技术创新合作模式产生影响，不同的影响因素相互作用会形成不同的开放式技术创新模式，这些模式对技术创新效率、效果的影响也会有所不同。本书将大企业开放式技术创新模式的关键要素划分为四个方面，即资源禀赋、技术属性、行业属性以及市场空间。

（1）资源禀赋。晋胜国（2004）指出，创新资源是国家经济发展的重要战略性资源，企业技术创新的成功实现尤为重要。企业的资源禀赋是指企业所有拥有的人才、土地、技术、管理、资本等各种生产要素的综合。本书中的资源禀赋强调与技术创新成功实现密切相关的各种创新资源要素的综合，其包含了创新的人才、相关技术积累、管理创新、生产资源等创新资源。当创新主体的创新资源非常丰裕时，其通常具备了独立创新的要素，而当创新主体的创新资源相对薄弱时，合作创新往往成为最优的选择。创新资源的异质性决定了创新的组织形式的多样化，创新主体不同的创新资源禀赋引导并诱发各种技术创新模式的形成。在不同的技术创新模式中，创新主体依托不同的创新资源禀赋或优势形成较为适宜的技术创新模式，以此推动创新合作的成功和效率的提升。因此，在大企业开放式技术创新模式中，创新模式的参与主体大企业、供应链上下游企业、中介机构、政府以及大学和科研机构等依托各自不同的创新资源禀赋，整合而成各种不同的技术创新模式，这些模式能够最大化地配置创新资源，提高合作创新的效率和效果。

在大企业开放式技术创新模式中，大企业位于创新合作的主体地位，是创新资源转为创新成果以及市场化的主体，是连接、汇聚、整合各种创新主体创新资源并创造新成果的载体。大企业的创新资源禀赋对创新的成功至关重要，其需要有良好的创新团队以及相应的管理、激励措施和制度安排等，才能够更好地发挥创新主体的作用，融合创新各个参与主体的资源，发挥创新的最大化经济效益。大学和科研机构拥有丰厚的知识资源禀赋，但这些资源禀赋如何才能够从理论转化为现实社会经济发展所接受的市场化的创新成果需要与大企业在合作中不断地交流、融合。并且大企业也需要依据自身的创新资源禀赋选择适宜的大学或科研机构作为资源互补的合作伙伴，以便更好地为创新的成功提供智力支持。供应链上下游企业拥有与大企业生产相关的配套产品的创新资源基础，它能够从实践生产的经验中为主导产品的改进提供更多的创新资源和意见，以更好地推进产品的更新和创新。政府和中介机构为创新的成功提供了良好的保障，一方面，中介机构有助于大企业在创新合作中找到更适宜的创新合作伙伴，以及更好地化解伙伴间合作时产生的冲突、摩擦和碰撞，提高合作创新的质量和效果；另一方面，政府能够为大企业开放式技术创新合作提供更好的制度保障和各种优惠政策，更利于技术创新合作的顺利开展。因此，具有异质性创新资源的创新主体的不同组合，会获得不同的创新效果，创新资源禀赋是影响大企业开放式技术创新模式的重要影响因素之一。

（2）技术属性。技术知识通常包含路径依赖性、可累积性、不可逆转性以及内隐性、关联性和公共性等诸多方面，学者们普遍把将技术的独占性、可模仿性以及不确定性三个层面作为技术的最主要的属性特性。曹岸、杨德林等（2003）指出，在技术创新过程中，技术属性和合作成员、企业之间的耦合性对技术创新合作中的创新绩效具有重要影响。Teece（1986）认为，技术独占性是指企业可以独享创新所带来的收益的程度。独占性越高，企业所能够获得创新租金就越高，反之亦然。那么，追求高的创新租金的企业就应该对自己的知识进行保护，避免外溢①。技术可模仿性是指技术能够通过沟通、交流、合作等方式在不同主体之间进行转移的可能性，这一过程通常会消耗一定时间、人力和资金成本，并伴随较高的不确定，但通常也能够为企业带来意想不到的收益和风险。不确定性强调技术创新过程中的潜在风险程度，例如，渐进性技术创新的不确定风险通常会比较低，但潜在收益往往也是可以预见的，而突破性技术创新不确定风险巨大，但一旦成功其获利空间往往是不可限量的。因此，不同的技术属性会对技术创新主体的合作模式产生影响。

大企业与其他利益相关者共同合作构成的开放式技术创新模式与创新技术的属性密切相关。技术的独占性越高，大企业对技术创新收益的独占意愿越强，

---

① 王鹏飞．外向开放式创新对创新绩效的影响研究［D］．杭州：浙江大学博士学位论文，2010：29.

进而，创新合作中的上下游企业以及竞争企业的参与程度和共享创新成功的程度会受到影响。技术独占性越低，技术的公共性就越强，合作创新过程越会引入合作以及竞争企业的加入，以共同合作并共享创新成果。同样，创新技术越难于模仿，具有的产品和工艺价值越高，越易于创新企业保持竞争优势。此时，紧密的合作关系更加易于进行难以模仿的技术转移。创新技术越易于模仿，技术转移的成本越低，越不易于保持企业竞争优势。此时，技术创新合作双方更具自身的创新合作的目的以及双方能力对比、技术创新的投资回报来决定创新合作的具体形式。技术不确定通常会影响大企业开放式技术创新模式的选择，当技术创新的不确定越大时，其失败的风险往往也非常大，松散的合作关系能够大大降低合作创新的风险。而对于技术创新不确定性比较小的合作创新，合作双方往往能够形成比较紧密的合作关系。因此，不同的创新技术属性会影响大企业开放式技术创新合作伙伴的选择、合作模式的选择，并对创新资源的配置和创新的效率、效果产生影响。

（3）行业属性。行业是指从事相同经济活动的单位的集合，通常采用经济活动的同质性作为行业属性来划分行业类别。每个行业特殊的经济活动的特性都会影响行业内部企业间创新活动的形式。我国目前按照属性的不同将所有行业划分为 20 个类别，其中包括农林牧渔业、采矿业、制造业、电力煤气及水的生产和供应业、建筑业、交通运输和仓储及邮政业、信息传输和技术算计服务软件业、金融业、房地产业、科学研究和技术服务地质勘查业、水利环境和公共设施管理业等类别。而不同的行业会影响不同的创新活动的组织模式，例如，信息传输和计算机服务软件业中的技术更新速率非常快，因此开放式技术创新模式在该行业的大企业技术创新中广泛存在。而在制造业行业开放式技术创新同样存在，但技术的专有性和独占性对技术创新合作的影响巨大，制造行业中封闭式技术创新也广泛存在，其对于维护大企业的核心竞争力具有重要意义。针对本书的研究对象大企业开放式技术创新模式，其技术创新合作模式与行业属性密切相关，需要根据行业经济活动的特殊性采取不同的技术创新合作模式，同时要考量大企业自身的创新资源禀赋情况，创新技术本身的属性，其中包括专有性、独占性等方面，另外该行业以及创新技术的市场空间等都是影响技术创新模式以及合作形式选择的重要影响因素。

（4）市场空间。市场空间决定了一项产品或创新能够给企业带来的利润空间。因此，很多学者认为市场空间越大，越易于吸引企业参与、进行创新活动。大企业的规模生产能力、创新能力、综合竞争力通常会在巨大市场潜力的驱使下充分挖掘一些市场容量较大的相关技术的开发和创新活动。并且在市场容量较大的市场中,通常会有很多创新主体熟悉并掌握相关产品的生产技术,进而易于进行合作创新以实现技术更新和改进。而对于相对狭小的市场空间,能够参与合作创新以及技术改进的参与主体非常有限,并且合作创新过程中通常伴随巨大的失败风险。因此,市场空间对大企业开放式技术创新模式的选择具有重要影响。市场空间并不是固定不变的,其通常会受到技术属性、地理范围以及政策等因素的影响,并且会随着产品和创新的市场化过程不断地变化,因此难以预测。

在大企业的开放式技术创新过程中,大企业依托其在规模生产、技术创新、管理创新等方面的竞争优势,易于在其已经具有市场势力的相对成熟的大容量市场进行技术创新合作活动,这一方面可以通过开放式的技术创新合作获得更加广泛的技术支持,促进技术的改进和升级;另一方面也可以通过规模生产能力等不断扩大市场占有率,保持市场竞争力。大企业在大容量市场的技术创新活动主要是一些延续原有技术轨道的渐进性技术创新活动,这些技术的创新风险较小,市场已经相对成熟,创新成果易于被市场接受。而对于一些突破性技术创新,由于其潜在市场空间有限,并且伴有非常大的不确定风险或失败的可能,且相对狭小的市场空间不易于大企业的规模生产能力发挥作用,因此这类技术创新通常难以开展合作。地理因素以及政策因素等都是影响市场空间的因素,这些因素一旦阻碍大企业相关技术创新成果的市场化过程以及市场的扩大,将会大大削弱大企业在规模生产方面的竞争力,造成产品成本居高不下,进而导致利润空间降低。因此,市场空间是大企业开展创新合作的重要影响因素之一,它与技术属性密切相关,影响着大企业的竞争优势的形成和可持续发展。

综上所述,大企业以及相关创新合作伙伴的创新资源禀赋、创新技术的特殊属性、市场潜在力、行业属性都是影响大企业开放式技术创新模式选择的重要影响因素,这些因素之间交互作用,共同决定了大企业技术创新模式的决策。因此,大企业技术创新的利益相关者在资源禀赋、技术属性、市场空间以及行业属性四项关键要素的共同作用下,结成更适宜的大企业开放式技术创新模式,以更好地提高技术创新的效率和效果,保持大企业的可持续竞争优势。

3.2 大企业开放式技术创新的基本模式

针对上述大企业开放式技术创新的利益相关者和关键要素的交互作用分析，本书认为，大企业技术创新的利益相关者中大学、科研机构、政府、中介机构以及上下游供应链企业等依托自身的创新资源禀赋和创新技术的属性，综合考量行业的属性特点以及行业内部相关技术创新的一般做法，并依据该项技术创新的市场潜力和对企业发展的战略意义，进行技术创新合作模式选择的相关决策。本书认为，大企业开放式技术创新的利益相关者和关键要素的交互作用能够形成如下几种模式（见表3-1），这些模式各具特点，能够适应不同的主体需求更好地激发创新积极性，提高创新的效率和效果。

表 3-1　开放式技术创新模式差异性

开放式技术创新模式	资源禀赋	市场空间	行业属性	技术属性
横向型	*	**	竞合	趋同
纵向型	**	*	合作	多样化
混合型	***	***	复杂	复杂化

注：*、**、*** 程度依次递增。

3.2.1 横向型技术创新模式

横向型技术创新模式是指处于产业链相同环节或相同生产阶段的竞争企业为获取共同的技术创新而相互合作、风险共担、成果共享的开放式技术创新合作模式。横向型技术创新模式主要是大企业与同行竞争企业、合作伙伴以及大学、科研机构、政府、中介机构等相互协调合作形成的开放式技术创新模式，目的在于通过各个创新合作利益相关者的创新资源的互补实现高科技、前沿性的关键技术的研发和改进。在具体的大企业横向型技术创新合作过程中，大企业以及其他的创新合作利益相关者，依据不同的创新资源禀赋，并综合考量所需创新技术的属性以及市场潜力和该行业发展情况等，决定合作创新的具体形式。当创新技术的属性属于突破性技术创新时，由于风险与机遇并存，并且技术不确定性较强，难以准确估计创新技术的市场潜力以及容量，并且与该项技术相关的行业发展前景也不是十分明确，因此可以寻求外部技术资源进行技术支持，例如，采取共同委托部门进行研发等形式或者产学研合作等方式来实现突破性技术的研究与开发。对于一些较为成熟技术的改进和创新，由于这些技术的不确定性较低，已经具有相当的市场潜力和容量，并且通过技术的改进和创新还能够挖掘更多的潜在客户群体，并且该行业的发展前景良好，因此可以采用共同研发或者共同出资创建研发机构、实验基地以及创新网络等合作形式进行创新，这种双方共同出资建立的新机构对大企业开放式技术创新的成功具有积极的影响，其有助于形成合作多方之间的稳定的、长期的合作关系，利于实现技术信息的共享，并降低单个企业持续创新的压力和风险。

3.2.2 纵向型技术创新模式

纵向型技术创新模式主要是指处于同一产业链不同环节、部门之间成员的交互合作、共同创新、风险共担、利益共享的开放式技术创新模式。在这一创新过程中，各个利益相关者以各自的专业优势为基础，按照产业链条的分工协作关系，有效地整合产业链上、下游的各种创新资源，并引入高校、科研机构等异质性的外部创新资源，以促进目标技术的成功创新和突破。纵向型技术创新模式与横向型技术创新模式的不同之处在于它通常致力于一些持续性技术创新活动，并通过产业链上、下游企业以及外部合作伙伴的通力合作来获取更好的创新产品，获得市场的持续竞争优势，因此纵向型技术创新合作伙伴间的合作关系相对一般的横向型技术创新模式更为稳定。这主要是由技术属性以及行业特点和市场空间等因素决定的。无论是横向型还是纵向型技术创新合作，其基本上都可以有外部创新主体，如大学、科研机构、中介机构以及政府、行业协会等的参与，这些创新利益相关者主要通过互补性的创新资源以及各种冲突协调和制度创新来促进合作效率和效果的提升。不同之处在于大企业的合作企业对象，如果是产业链上、下游企业则是纵向型合作，如果是位于产业链相同环节的竞争企业则构成横向型创新合作。其二者不同的结合方式与大企业自身的技术能力、创新资源以及所要创新技术的属性和行业特点以及市场潜力密切相关。在一些技术创新速率比较快的行业，面对快速的技术更新，独自创新并进行周期性创新的压力巨大，因此企业通常会选择与同行竞争对手合作，交互利用彼此的创新资源，以实现快速的创新。而对于一些技术研发周期比较长、速率比较慢的行业，此时大企业自身的创新资源和创新能力能够独自支撑研发所需，进而基于供应链上下游的合作创新，更易于从大企业发展战略角度出发，形成与大企业创新战略相匹配的全方位的创新产品，也更易获得市场的认可，比较典型的案例就是丰田的纵向一体化合作网络。纵向合作创新网络更加适合渐进性、持续性的技术改进和创新活动。大企业纵向型技术创新合作能够为大企业以及相关合作伙伴提供良好的、持续的技术支持。

3.2.3 混合型技术创新模式

混合型技术创新模式是集横向型、纵向型技术创新模式于一体的技术创新模式。混合型技术创新模式的利益相关者除了大学、科研机构、中介机构以及政府等，一般同时包括产业链上、下游的合作伙伴和同行竞争企业，这些各种不同类型的合作伙伴与大企业之间，依据不同的创新需求构成不同层次的创新合作网络，这些合作网络之间也存在一定程度的交叉和层叠，更加有利于大企业实现各种技术创新活动的需求。大企业混合型技术创新模式主要是依据大企业核心竞争优势和主要业务领域、创新资源禀赋等诸多方面的因素开展的，当大企业的业务领域比较宽广，且大企业能够同时具备协调多个创新合作网络的能力时，就可以开展多层次的不同类型的合作创新活动，以更好地、全面地开展大企业技术创新和研发活动，更好地提高大企业的可持续发展能力。混合型技术创新模式在社会经济发展中广泛存在，它不仅能够扩充产业链上、下游企业之间的交互促进和相互影响，进而加强产品之间的关联性、协同性，更好地提高产品整体的性能和生产流程的全面改进和升级。同时，同行竞争企业之间的合作也能够更好地促进专业知识、资源的聚集、集中，更好地支持产品专项技术的持续改进和突破。混合型开放式技术创新模式可以同时兼顾大企业不同属性技术的创新需求，并可以针对不同技术行业发展情况以及市场情况，制定不同的创新战略部署。唯一需要注意的是，在混合型技术创新模式中，大企业对多层面、交叉、重叠的创新合作网络的协调能力是大企业成功实现创新目标的关键。大企业需要能够在不同的创新战略、市场选择、技术选择、资源分配以及众多不同层面的利益相关者之间，做好全面的、细致的协调工作，以保证所有工作的顺利进行。

无论哪一种大企业开放式技术创新模式，都具有一些特征要素，这些特征要素的好坏会影响开放式技术创新模式对创新效率和效果的影响。因此,从这三种模式中提炼出影响合作创新效率、效果的一些共性的影响因素:开放度、创新协同能力。其中开放度是指大企业在技术创新过程中对外部资源的利用程度,包括三个维度:开放的参与度、开放的联结度和开放的平稳度性。创新协同能力是指参与技术创新的各个主体和要素之间通过开放系统的物质流量、信息合作与交流,进行协作创新,从而改变原有旧结构,形成新的创新系统。包括资源整合、信息整合和能力整合三个维度。

不同的利益相关者、不同的关键要素及不同的大企业创新战略和发展战略,最终决定了不同的大企业之间的开放式技术创新模式是不可能完全相同的,每一个大企业依据自身发展战略所构建的开放式技术创新模式都具有其独特性,是能够为企业带来预期效益的最有效的模式选择,开放度和创新协同能力是开放式技术创新模式中影响创新效率的两个共同要素。

4 大企业开放式创新模式的绩效衡量

4.1 大企业开放式创新的维度——开放度

4.1.1 开放度的概念

Laursen 和 Salter（2006）针对企业开放式创新模式对企业创新绩效的影响问题进行了研究。他们在 Katila（2002）及 Katila 和 Ahuja（2002）研究的基础上，首次提出了开放度的概念，并研究了企业技术创新开放度对创新绩效的影响，发现开放度与创新绩效之间存在倒 U 形的关系，即企业越开放，创新能力就越强，但是过度的开放会对创新绩效产生负面影响[①]。

大企业技术创新的开放度是指大企业技术创新过程中对外部资源的利用程度。开放度包括三个维度：开放的参与度、开放的联结度和开放的平稳度性。开放的参与度是指企业在技术创新过程中与外部利益相关者合作的范围；开放的联结度是指企业在技术创新过程中与外部创新利益相关者合作的紧密程度；开放的平稳度是指企业在技术创新过程中与外部创新利益相关者的持续程度。

---

① Laursen K., Salter A. Open for Innovation: The Role of Openness in Explaining Innovation Performance among UK Manufacturing Firms [J]. Strategic Management Journal, 2006, 27（2）：131-150.

4.1.2 开放度的测度

开放参与度的测度，取决于企业在技术创新过程中与外部创新要素之间是否有合作关系。将企业创新过程中的外部创新要素归纳为以下六种类型：供应商、用户、竞争者、科研机构、中介服务组织和政府。如果企业与上述六种外部创新要素中的某种要素有合作关系，值记为1，否则记为0，即设：

$$s_i = \begin{cases} 1 & \text{在创新过程中与第} i \text{个创新要素有合作关系} \\ 0 & \text{在创新过程中与第} i \text{个创新要素无合作关系} \end{cases}, \quad i = 1, 2, \cdots, 6$$

例如，企业在技术创新过程中，如果与供应商有合作关系，则记 $s_1 = 1$，否则记 $s_1 = 0$，其他各种创新要素按相同的方法计分。将所有得分相加得到开放参与度的得分，即开放参与度 $s = \sum_{i=1}^{6} s_i$。

开放联结度的测度，取决于企业在技术创新过程中对外部创新要素的利用程度。如果企业对上述六种外部创新要素中的某种要素利用程度较高时，值记为1，否则记为0，即设：

$$d_i = \begin{cases} 1 & \text{在创新过程中对第} i \text{个创新要素的利用程度较高} \\ 0 & \text{在创新过程中对第} i \text{个创新要素的利用程度较低} \end{cases}, \quad i = 1, 2, \cdots, 6$$

例如，企业在技术创新过程中，如果对供应商的利用程度较高，则记 $d_1 = 1$，否则记 $d_1 = 0$，其他各种创新要素按相同的方法计分。将所有得分相加得到开放联结度的得分，即开放联结度 $d = \sum_{i=1}^{6} d_i$。

开放平稳度的测度，取决于企业在技术创新过程中与外部创新要素展开合作的持续程度。如果企业与上述六种外部创新要素中的某种要素持续合作的时间较长（或者合作频率较高）时，值记为1，否则记为0，即设：

$$f_i = \begin{cases} 1 & \text{在创新过程中与第} i \text{个创新要素合作的持续时间较长} \\ 0 & \text{在创新过程中与第} i \text{个创新要素合作的持续时间较短} \end{cases}, \quad i = 1, 2, \cdots, 6$$

例如，企业在技术创新过程中，如果与供应商合作的持续时间较长，则记 $f_1 = 1$，否则记 $f_1 = 0$，其他各种创新要素按相同的方法计分。将所有得分相加得到开放平稳度的得分，即开放平稳度 $f = \sum_{i=1}^{6} f_i$。

综上所述，开放度的测度主要是从开放参与度、开放联结度与开放平稳三个方面进行，衡量指标如表 4-1 所示。

表 4-1　开放度指标

目标	维度	指标
开放度	开放参与度	合作伙伴类型
		合作伙伴数量
	开放联结度	合作方式
		关联深度
	开放平稳度	合作频繁度
		合作持久度

4.2　创新绩效的测度

4.2.1　创新绩效测度的含义

技术创新绩效是指企业在一段经营期间内技术创新活动所取得的业绩和效益。技术创新绩效用来衡量企业实施技术创新活动所取得的业绩和效益，是企业绩效的重要组成部分。通过技术创新绩效评价，可以使企业逐步改进创新体系，采取更有效的技术创新模式[①]。

4.2.2　创新绩效测度的指标

目前，关于开放式技术创新模式下企业技术创新绩效评价方面的研究不多。相关研究文献中比较有代表性的有：Gautam Ahuja（2000）在评价创新绩效时通过分析网络关系结构与企业创新产出的关系而得出相关结论，他认为网络关

———————————

① 田丽娜. 企业技术创新财务管理［M］. 北京：冶金工业出版社，2008：141.

系结构直接或间接地都对创新产出有正向的影响，结构洞（网络结构缺口）则不同，它对创新产出的影响是负向的[①]。Das 和 Teng（2000）通过研究指出，开放式合作创新通过不同的利益相关者共同承担研发成本，共同分担研发风险，共享创新技术与资源，通过协同效应，可以实现技术上的新突破，从而提高创新绩效[②]。Rigby 和 Zook（2002）指出，企业通过从外部引进创意和技术可以加强企业自身的创新基础[③]。Torben Andersen（2001）研究指出，在复杂的环境中，企业互联网的使用程度、利益相关者参与决策程度与创新绩效存在正相关。[④] 国内关于开放式技术创新绩效的研究成果中，比较有代表性的有：许庆瑞等（2002）通过对中国 R&D 的研究指出，创新过程、创新网络及联系对企业技术创新绩效有一定的关联性，应该予以考虑[⑤]。在现有企业技术创新绩效研究的基础上，本书着重对开放式技术创新模式下企业技术创新绩效的评价指标体系进行了研究。

现有的非开放式创新模式下的企业技术创新绩效评价指标体系，一般从创新的投入、创新实施状况、技术创新能力和创新效果等内容进行研究。大部分是从技术创新投入、技术创新产出两个方面建立评价指标体系，从直接有形投入和创新成果两个方面构建指标进行评价，对于在创新活动过程、创新推广及扩散过程中所形成的网络及相互之间的联系研究得比较少。而实际上，企业外部的创新资源及其网络联系在知识经济时代已成为企业发展的决定性资源，尤其是知识生产者与使用者之间、利益相关者之间所结成的网络特征和联系会对企业技术创新的绩效产生巨大的影响[⑥]。

目前的创新绩效评价体系可以较为全面地反映非开放式技术创新模式下企业技术创新绩效评价问题，但是在开放式技术创新模式下还要考虑外部创新因素，所以现有的评价体系存在一定的局限性。因为：首先，开放式技术创新模

---

① Gautam Ahuja. Collaboration Networks, Structural Holes, and Innovation: A Longitudinal Study [J]. Administrative Science Quarterly, September, 2000: 425-454.

② Das T. K., Teng B. S. A Resource-based Theory of Strategic Alliances [J]. Journal of Management, 2000, 26（1）: 31-60.

③ Rigby D., Zook C. Open-Market Innovation [J]. Harvard Business Review, 2002, 80（10）: 80-89.

④ Torben Andersen. Information Technology Strategic Decision Making Approaches and Organizational Performance in Different Industrial Settings [J]. Strategic Information Systems, February, 2001: 101-119.

⑤ 许庆瑞，郑刚，徐操志等. 研究与开发绩效评价在中国：实践与趋势 [J]. 科研管理，2002（1）: 46-53.

⑥ 王育晓. 网络环境下企业技术创新绩效评价指标体系的设计 [J]. 价值工程，2005（11）: 27-30.

式下的企业许多的技术创新依靠自身的能力已无法完成，必须依托多个利益相关者，凭借着以此建立起来的巨大的技术创新网络，获得外部技术与创新资源的支持，通过有效地整合内外部的技术资源实现技术的突破与创新。而如何通过合理有效地整合内外部资源，从而提升创新绩效的水平，目前的创新绩效评价指标还不能很好地进行说明。其次，开放式技术创新模式下由于巨大的技术创新网络平台为企业技术信息的搜寻、交流和应用提供了极大的便利，从而大大地促进了企业在技术创新过程中与利益相关者之间的合作。而如何科学地反映和衡量企业之间的创新协同能力，目前的指标体系还缺乏相关的指标。最后，开放式技术创新模式下企业技术创新所体现出来的特性，也需要在相关的指标中才能得以体现[①]。

在开放式技术创新模式下，大企业技术创新绩效的影响因素具有动态性、多元性和复杂性，所以创新绩效的评价体系也是多层次的、复杂的，要从多角度和多层面进行指标的设计。对大企业技术创新绩效评价指标的选取，应该按照技术创新的节点和技术创新不同环节之间所包含的内在关系，设置能够尽量充分反映大企业技术创新活动效果的评价指标，不仅要满足大企业技术创新绩效的评价要求，也要能科学地反映企业技术创新的过程组织与要求，只有这样才能科学准确地反映开放式技术创新模式下大企业的技术创新绩效。本书结合现有的相关研究成果，构建了开放式技术创新环境下大企业技术创新绩效评价指标体系。该指标体系包括技术创新投入水平、创新资源整合能力、技术创新产出效率、创新环境支持力度、技术创新开拓能力五个方面，共 29 项指标（见表 4-2）。

表 4-2　创新绩效测度指标

企业开放式创新绩效评价指标	技术创新投入水平	研发经费（万元）
		核心技术人员（人）
		技术创新设备投入（万元）

---

① 王育晓. 网络环境下企业技术创新绩效评价指标体系的设计 [J]. 价值工程，2005（11）：27-30.

企业开放式创新绩效评价指标	创新资源整合能力	技术研发人员的研发能力
		对所获取技术的吸收和转化能力
		企业依靠自主研发的程度
		企业依靠合作创新的程度
		企业依靠技术购买的程度
	技术创新产出效率	申请专利数（项）
		拥有发明专利数（项）
		市级以上的研究成果（项）
		新产品的产值（万元）
		新产品的销售额（万元）
		新产品市场占有率（%）
	创新环境支持力度	所在区域经济发展对创新的影响
		区域合作对创新的影响
		所处市场的稳定程度
		对金融机构的依赖程度
		与风险投资机构的合作强度
		所在地风险资本数量的满足程度
		可以承受的创新风险程度
		与政府部门的联系程度
	技术创新开拓能力	拥有该行业的核心技术
		核心技术的可获性较强
		拥有独特的生产工艺或技术
		创新资源的可获性较强
		核心技术在国内同行业中的地位
		核心技术在国外同行业中的地位

4.3　基于开放度的创新绩效评价

4.3.1　基本逻辑

开放式技术创新与创新绩效的关系可以追溯到外源式创新的理论研究[①]。Jarillo（1989）的一项早期研究显示，企业挖掘外部创新源的能力是创业精神与高成长管理的重要标志之一，与只寻求将现有技术成果价值最大化的企业相比，积极寻求外部机会的企业更容易获得快速的成长[②]。很多学者对企业同外部合作伙伴的创新协作与创新绩效的关系进行了研究。大体包括以下几个方面：产学研合作与创新绩效的关系、技术联盟与创新绩效的关系、合作创新与创新绩效的关系、创新网络与创新绩效的关系、创新国际化与创新绩效的关系等。大部分研究认为，随着知识经济时代的到来和创新竞争的日益激烈，企业必须开放创新模式，积极寻求和开发外部的创意和技术，充分利用和整合外部创新资源，提高企业的创新绩效。

开放式技术创新对企业创新绩效的影响机制，主要是通过开放参与度的延伸、开放联结度的拓展和开放平稳度的持续，提高创新的协同能力，优化组织之间的创新关系，通过资源整合、信息整合和能力整合，提高企业的创新绩效。首先，企业通过开放式技术创新模式从外部获取人力资源和关系资源等创新资源，将外部资源与内部资源有效整合，加强自身的创新基础，提高企业的创新绩效。其次，企业通过开放式技术创新模式从外部获取信息和创意，加快企业的创新速度，实现技术突破。最后，企业通过开放式技术创新模式从外部学习知识、技术和商业化途径等，提升自身的学习和创新能力，同时减少技术和市场的不确定性，促进创新绩效的提升。图4-1为开放度对创新绩效影响机制的概念模型。

---

① 何郁冰，陈劲. 开放式创新促进创新绩效的学习机制研究［C］. 北京：中国科学学与科技政策研究会，2010：1-13.

② Jarillo J. C. Entrepreneurship and Growth：The Strategic Use of External Resources ［J］. Journal of Business Venturing, 1989, 4（2）：133-147.

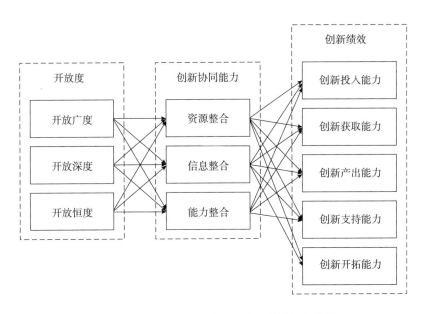

图 4-1 开放度对创新绩效影响机制的概念模型

4.3.2 研究假设

（1）开放度与创新绩效的关系。尽管开放式技术创新的实施需要信息搜索成本、组织间合作的交易成本和管理成本，增加创新管理的复杂性，还可能造成企业对外部技术的过度依赖和企业关键知识的泄露，过度的开放可能会对创新绩效带来负面影响，但是大量研究都表明，开放式技术创新可以减少技术的不确定性和市场的不确定性，对促进技术创新的成功具有正向作用[①]。因此，本书提出如下假设：

H1：开放参与度与创新绩效正相关。

H2：开放联结度与创新绩效正相关。

H3：开放平稳度与创新绩效正相关。

（2）开放度与创新协同能力的关系。首先，企业通过开放式技术创新模式可以从外部获取人力资源和关系资源等创新资源，对内外部资源进行有效整合。其次，企业通过开放式技术创新模式可以从外部获取信息和创意，进行信息资

---

① 陈钰芬，陈劲. 开放式创新：机理与模式 ［M］. 北京：科学出版社，2008.

源整合。最后，企业通过开放式技术创新模式可以从外部学习知识、技术等，进行能力的整合。基于以上内容，提出如下假设：

H4：开放参与度与创新协同能力正相关。

H5：开放联结度与创新协同能力正相关。

H6：开放平稳度与创新协同能力正相关。

（3）创新协同能力与创新绩效的关系。"协同"的概念是由联邦德国著名的物理学家赫尔曼·哈肯（Hermann Haken）于1971年提出的，此后引起了诸多学者的关注，并逐步渗透到经济学、管理学等领域。协同创新是协同学的思想在技术创新领域的重要应用[①]。

企业要实现创新和发展必须走向协同。因为当今时代没有任何企业能够仅仅依靠自身所拥有的全部知识、技术和资源来完成创新的整个过程，通过一定的合作创新是企业个体充分利用共享创新资源，规避创新风险，提高创新绩效，提升竞争力的有效途径。

一些学者对创新协同能力与创新绩效之间的关系进行了研究。如王琛、赵英军、刘涛（2004）指出，企业可以通过协同效应实现资本增值的最大化。他们认为，协同效应可以通过企业的资源战略、业务经营战略及组织战略来得以完善，从而优化企业的资源结构、业务结构和组织结构。企业在获取协同效应的过程中，应该注重资源、业务和组织三者之间的协同[②]。McEvily和Marcus（2005）对企业如何利用创新协同能力提升组织竞争力问题进行了研究，指出共同解决方案是帮助企业提升竞争力的最重要的因素。董晓宏等（2007）对企业多要素协同创新过程进行研究，将企业创新过程抽象和概括为沟通、竞争和合作三个主要阶段，认为实现各创新要素的过程协同，就是实现"1+1>2"的协同效应。

关于企业创新协同能力与创新绩效之间的关系研究，虽然因研究背景不同得出的结论有所差异，但大部分研究都认为创新协同能力有助于创新绩效的提高。因此，本书提出如下假设：

H7：创新协同能力与企业的创新绩效正相关。

进一步地，创新协同能力与企业的创新绩效之间的关系体现在以下三个

---

① 全利平，蒋晓阳. 协同创新网络组织实现创新协同的路径选择 [J]. 科技进步与对策，2011（9）：15–18.

② 王琛，赵英军，刘涛. 协同效应及其获取的方式与途径 [J]. 企业改革与发展研究，2004（10）：47–50.

方面：

一是资源整合。资源整合主要包括人力资源的整合和关系资源的整合。人力资源整合方面，张震宇和陈劲（2008）认为，参与企业创新活动的人员不仅局限于企业内部的研发人员和内部其他职能部门的人员，还包括企业外部的利益相关者甚至无关群体①。企业内部不同部门的人员以及企业内外部人员的有效整合，能够为企业提供更多的创意、技术和创新能力，提高企业的创新绩效。关系资源整合方面，Tsai 和 Ghoshal（1998）认为，企业的关系资本可以有效促进企业获取技术和市场信息，推动员工的互动交流与合作，加速知识和技术在企业各部门之间的流通，从而提高企业的创新绩效②。Arent Greve 和 Janet W. Salaff（2001）认为，企业的关系资本蕴含在社会结构当中，有利于提高企业的吸收能力，有助于新思想的产生以及对现有知识资源的整合。综上所述，资源整合对于提高创新投入能力、获取能力、产出能力、支持能力和开拓能力具有重要的作用，进而可以提高企业的创新绩效。

二是信息整合。企业通过从外部获取信息、创意和知识，将各种信息进行有效整合，能够加快企业的创新速度，实现技术上的突破，从而提升企业的创新绩效。

三是能力整合。企业通过从外部学习知识、技术和商业化途径等，为企业寻找到新的创新机会，提升自身的学习和创新能力，促进创新绩效的提升。

将本书的所有研究假设汇总，如表4-3所示。

表4-3 研究假设汇总

假设	假设内容
H1	开放参与度与创新绩效正相关
H2	开放联结度与创新绩效正相关
H3	开放平稳度与创新绩效正相关
H4	开放参与度与创新协同能力正相关
H5	开放联结度与创新协同能力正相关

---

① 张震宇，陈劲. 基于开放式创新模式的企业创新资源构成、特征及其管理 [J]. 科学学与科学技术管理，2008（11）：61-65.

② Tsai W., Ghoshal S. Social Capital and Value Creation：The Role of Intra Firm Networks [J]. Academy of Management Journal，1998（4）：464-476.

假设	假设内容
H6	开放平稳度与创新协同能力正相关
H7	创新协同能力与企业的创新绩效正相关

本章通过利益相关者和关键要素两个维度分析了大企业开放技术创新模式的构成，指出以大企业为中心的众多利益相关者在充分分析各自的资源禀赋、创新技术属性、行业情况以及市场潜能的条件下，形成适合的大企业开放式技术创新模式。利益相关者、创新技术属性、行业前景、市场空间，以及不同的大企业创新战略、发展战略，最终决定了任何大企业之间的开放式技术创新模式是不可能完全相同的，每一个大企业其围绕企业的发展战略所构建的开放式技术创新模式都具有独特的、适宜的特色之处，是能够为企业带来预期效益的最有效的模式选择。本书无法对不同类型的大企业开放式技术创新模式作用效率和效果进行比较。但在研究的过程中发现，无论哪一种大企业开放式技术创新模式，都具有一些特征要素，这些特征要素的好坏会严重影响开放式技术创新模式对创新效率和效果的影响。因此本章在分析大企业开放式技术创新模式形成过程中，提炼出影响合作创新效率、效果的一些共性的因素，即开放度和创新协同能力，并依据这些影响因素构建了大企业开放式技术创新模式的概念模型和研究假设，以考察这些影响因素对开放式技术创新绩效的影响。

5 辽宁大企业开放式技术创新模式的绩效分析

5.1 研究方法

本研究所涉及的开放度、创新协同能力以及创新绩效等数据大部分无法从公开的数据库中获得，因而采用问卷调查的方式搜集数据。实证分析过程主要包括指标体系设计、问卷设计与预试、问卷发放与回收、数据收集、数据分析、结果分析等几个阶段。本书采用相关分析、方差分析、因子分析、回归分析等方法。所采用的软件为SPSS17.0。

5.1.1 问卷设计与数据收集

（1）问卷设计。进行问卷调查分析，所收集数据的可靠性和有效性很大程度上取决于问卷的设计，问卷的层次结构、问卷的设计、预测时的严谨程度等，这些因素都将影响到问卷调查分析的结果①。

本研究的调查问卷其层次结构主要包括以下三部分内容（详见附录）：第一部分是简要说明，即说明问卷调查的目的与意义；第二部分是填答提示，即提示填写者如何正确填写问卷；第三部分是主体部分，即所设问题及其选项。其中，每个题项的测度变量均采用5分量表的尺度进行评估，从低级到高级或者从完全不符合到完全符合，最低程度赋值1分，最高程度赋值5分。

① ［英］马克·桑德斯，菲利普·刘易斯，阿德里安·桑希尔. 研究方法教程［M］. 杨晓燕主译. 北京：中国商务出版社，2004：279.

问卷的设计一般包括以下四个阶段：第一阶段是相关文献回顾；第二阶段是对企业进行经验调查和访谈；第三阶段是与相关专家学者进行讨论；第四阶段是对问卷进行预试和调整，并形成问卷的终稿。依据上述思路，本书的问卷设计过程主要包括以下四个阶段：

第一阶段：对国内外相关文献进行整理和分析，借鉴现有理论研究与实证研究中的相关变量，并根据自身研究需要，形成初步的问卷题项。

第二阶段：与相关专家学者进行讨论，广泛征求建议和意见，对初步形成的问卷进行修改和加工。

第三阶段：与企业相关负责部门的人员进行交流，对企业实际情况进行深入调查和了解，根据企业人员的意见对问卷进行进一步的修改和完善。

第四阶段：对调查问卷进行小范围预试，根据被调查者的问卷反馈情况，对问卷中设置的题项以及存在的问题进行调整，形成问卷的最终稿。

（2）数据收集。本书的样本主要是辽宁省大型制造企业。其中沈阳55家、大连15家、鞍山12家、抚顺10家、本溪10家、丹东11家、锦州10家、营口15家、阜新10家、辽阳9家、盘锦8家、铁岭8家、朝阳7家、葫芦岛6家。由于本书研究的重点是开放式技术创新，所以将样本限定在一些科技型和创新型行业企业中，如机床、汽车、材料、通信设备、生物医药和家电等行业企业。

本书发放问卷的方式主要有三种：第一种方式是直接对企业进行调研，并现场发放问卷，让企业管理部门、研发部门以及市场部门的相关人员填答问卷；第二种方式是委托可靠的联系人，包括政府和企业界的朋友、同学、学生，代为发放和回收问卷；第三种方式是通过网络，向企业直接邮寄电子邮件或者在线填答的形式发放和回收问卷。

第一种方式共发放问卷80份，回收80份，问卷的回收率为100%。其中，有效问卷为44份，问卷的有效回收率为55.8%。第二种方式共发放问卷60份，回收44份，问卷的回收率为72%。其中，有效问卷为30份，问卷的有效回收率为50%。第三种方式共发放问卷45份，回收20份，问卷的回收率为44.4%。其中，有效问卷为8份，问卷的有效回收率为17.8%。三种方式共发放问卷185份，回收147份，问卷的回收率为79.5%。其中，有效问卷为82份，问卷的有效回收率为44.3%。说明本次研究的问卷设计和问卷回收方面的工作有效，可以使用本次问卷调查的数据对本书提出的研究假设进行验证。

5.1.2 变量测度

本书的主要变量包括三种：被解释变量——技术创新绩效；解释变量——技术创新开放度；中介变量——创新协同能力。

（1）被解释变量。本书的被解释变量为企业的技术创新绩效。前文已经指出，企业开放式创新的绩效主要通过技术创新投入水平、创新资源整合能力、技术创新产出效率、创新环境支持力度、技术创新开拓能力五个方面衡量。其中，技术创新投入水平主要通过三项指标进行测度：研发经费、核心技术人员、技术创新设备投入。创新资源整合能力主要通过六项指标进行测度：技术研发人员的研发能力、从外部获取所需新技术的能力、对所获取技术的吸收和转化的能力、企业依靠自主研发的程度、企业依靠合作创新的程度、企业依靠技术购买的程度。技术创新产出效率主要通过六项指标进行测度：申请专利数、拥有发明专利数、市级以上的研究成果、新产品的产值、新产品的销售额、新产品市场占有率。创新环境支持力度主要通过九项指标进行测度：所在区域经济发展对创新的影响、区域合作对创新的影响、所处市场的稳定程度、对金融机构的依赖程度、与风险投资机构的合作强度、所在地风险资本数量的满足程度、可以承受的创新风险程度、与政府部门的联系程度和政府部门的政策支持力度。技术创新开拓能力主要通过六项指标进行测度：拥有该行业的核心技术、核心技术的可获性、拥有独特的生产工艺或技术、创新资源的可获性、核心技术在国内同行业中的地位和核心技术在国外同行业中的地位。

（2）解释变量。本书的解释变量为技术创新开放度。前文已经指出，技术创新的开放度主要通过开放参与度、开放联结度和开放平稳度三个方面衡量。其中，开放参与度主要通过两项指标进行测度：合作伙伴类型、合作伙伴数量。开放联结度主要通过两项指标进行测度：合作方式、关联深度。开放平稳度主要通过两项指标衡量：合作频繁度、合作持久度。

（3）中介变量。本书的中介变量为创新协同能力。前文已经指出，创新协同能力主要通过资源整合、信息整合和能力整合三个方面衡量。其中，资源整合主要通过三项指标进行测度：能够及时获取外部研发技术、能够及时获取新产品开发解决方案、能够共享外部企业品牌资源。信息整合主要通过两项指标进行测度：能够及时获得技术发展趋势信息、能够及时获得市场需求信息。能力整合主要通过三项指标进行测度：能够提升新产品开发风险抵御能力、能够降低新产品开发成本、能够提升市场开发能力。

5.1.3 样本信息

前文将开放式技术创新模式分为横向型技术创新模式、纵向型技术创新模式和混合型技术创新模式。对于一个大企业来说，其选择的开放式技术创新模式可能是三者之一，也可能三者兼有。我们以各企业在问卷中对"该企业最倾向于哪种开放式技术创新模式"的回答为依据，对辽宁大企业目前的开放式技术创新模式选择状况进行基本统计，统计结果如表5-1所示。

表 5-1　辽宁大企业开放式创新模式选择的基本统计

企业特征	分类标准	样本数	百分比（%）	横向型技术创新模式（%）	纵向型技术创新模式（%）	混合型技术创新模式（%）
企业规模	500~2000 人	61	74.40	29	31	42
	2000~5000 人	15	18.30	19	35	46
	5000 人以上	6	7.30	23	29	48
行业属性	机床行业	5	6.10	25	30	45
	汽车行业	12	14.63	22	35	43
	制药行业	21	25.69	33	29	38
	材料行业	29	35.71	24	34	42
	食品及其他行业	15	18.29	31	44	25
企业性质	国有或者国有控股企业	27	32.93	23	39	38
	外资或者外资控股企业	24	29.27	30	41	29
	民营控股企业	31	37.80	23	30	47

注：关于三种开放式技术创新模式的划分，均从调查问卷中取得，认为受调查者对三种模式内涵的理解和认识是无差异的。

从表5-1可以看出，辽宁大企业开放式技术创新模式属于横向型技术创新模式的偏少，属于混合型技术创新模式的偏多，属于纵向型技术创新模式的居于中间水平。从中可以发现，各企业开放式技术创新模式的选择与企业规模、行业属性和企业性质有密切的联系。首先，企业规模会影响企业开放式技术创新的行为、决策及资源配置，从表5-1中看出，企业规模越大其选择混合型技术创新模式的越多，这是由于企业规模越大就有越多的资源用于外部合作创新的缘故。其次，行业特征也是影响辽宁大企业开放式技术创新模式的重要属性，机床、汽车、制药和材料等科技型企业内部研发能力较强，但在创新过程中对科技资源全方面、多样化的需求，更容易促进其采取混合型。最后，不同的企业企业性质也会导致企业与外部组织进行资源共享的意愿与能力方面的差异。一般国有企业实力比较雄厚，而民营企业的创新行为更为灵活多变，这两类企业较之外资或者外资控股企业更倾向于选择混合型技术创新模式。

5.2　实证分析

5.2.1　变量的定义及测量题项

为了便于分析，本书首先对研究所涉及的变量和测量题项进行定义及分类，整理结果如表5-2所示。

表5-2　模型中变量的定义及测量题项

变量类别	变量维度	变量符号	测量题项
开放度（OpeDeg）	开放参与度	OpeWid1	合作伙伴类型
		OpeWid2	合作伙伴数量
	开放联结度	Opedep1	与合作伙伴创新的方式
		Opedep2	与合作伙伴的联接深度
	开放平稳度	Opedep3	与合作伙伴之间的利益分配机制
		OpeFor1	合作频繁度
		OpeFor2	合作持久度

续表

变量类别	变量维度	变量符号	测量题项
创新协同能力（NetCoo）	资源整合	ResInt1	能够及时获取外部研发技术
		ResInt2	能够及时获取新产品开发解决方案
		ResInt3	能够共享外部企业品牌资源
	信息整合	InfInt1	能够及时获得技术发展趋势信息
		InfInt2	能够及时获得市场需求信息
	能力整合	SkiInt1	能够提升新产品开发风险抵御能力
		SkiInt2	能够降低新产品开发成本
		SkiInt3	能够提升市场开发能力
技术创新绩效（InnPer）	技术创新投入水平	StrInv1	研发经费
		StrInv2	核心技术人员
		StrInv3	技术创新设备投入
	创新资源整合能力	StrInt1	技术研发人员的研发能力
		StrInt2	从外部获取所需新技术的能力
		StrInt3	对所获取技术的吸收和转化能力
		StrInt4	企业依靠自主研发的程度
		StrInt5	企业依靠合作创新的程度
		StrInt6	企业依靠技术购买的程度
	技术创新产出效率	OutEff1	申请专利数
		OutEff2	拥有发明专利数
		OutEff3	市级以上的研究成果
		OutEff4	新产品的产值
		OutEff5	新产品的销售额
		OutEff6	新产品市场占有率
	技术创新开拓能力	DevAbi1	拥有该行业的核心技术
		DevAbi2	核心技术的可获性较强
		DevAbi3	拥有独特的生产工艺或技术
		DevAbi4	创新资源的可获性较强
		DevAbi5	核心技术在国内同行业中的地位
		DevAbi6	核心技术在国外同行业中的地位

变量类别	变量维度	变量符号	测量题项
技术创新绩效（InnPer）	创新环境支持力度	EnvSup1	所在区域经济发展对创新的影响
		EnvSup2	区域合作对创新的影响
		EnvSup3	所处市场的稳定程度
		EnvSup4	对金融机构的依赖程度
		EnvSup5	与风险投资机构的合作强度
		EnvSup6	所在地风险资本数量的满足程度
		EnvSup7	可以承受的创新风险程度
		EnvSup8	与政府部门的联系程度
		EnvSup9	政府部门的政策支持力度

5.2.2 变量的描述性统计

变量数据的描述性统计结果如表5-3所示。

表5-3 变量的描述性统计结果

变量符号	样本数	均值	方差	峰度	偏度
OpenWid1	82	3.5000	1.29448	−1.315	−0.165
OpenWid2	82	3.7321	1.18536	−1.579	−0.124
Opendep1	82	2.4464	1.23638	−1.277	0.285
Opendep2	82	3.5446	0.93855	−0.860	−0.032
Opendep3	82	3.3304	0.79852	−0.536	−0.021
OpenFor1	82	3.4732	0.81605	−0.023	−0.469
OpenFor2	82	3.7143	0.70300	0.320	−0.485
ResInt1	82	3.5804	0.81250	0.255	−0.521
ResInt2	82	3.4911	0.92020	0.141	−0.291
ResInt3	82	3.5804	0.84511	0.035	−0.439
InfInt1	82	3.5179	0.80519	−0.404	−0.375

变量符号	样本数	均值	方差	峰度	偏度
InfInt2	82	3.5536	0.91867	0.641	−0.693
SkiInt1	82	3.3661	0.94912	0.656	−0.604
SkiInt2	82	3.1518	0.96057	0.337	−0.808
SkiInt3	82	3.5536	0.83654	−0.071	−0.031
StrInv1	82	5018.8750	24667.91255	1.519	0.896
StrInv2	82	150.5357	150.31966	1.348	0.308
StrInv3	82	4899.5268	12030.64649	1.586	0.164
StrInt1	82	3.4911	0.94912	0.211	−0.553
StrInt2	82	3.7768	0.76770	2.143	−0.175
StrInt3	82	3.8304	0.74602	2.228	−0.436
StrInt4	82	3.0446	0.76392	1.834	−0.446
StrInt5	82	3.8571	0.82590	2.616	−0.192
StrInt6	82	3.6607	0.80038	2.098	−0.132
OutEff1	82	3.4554	0.81526	0.911	−0.717
OutEff2	82	4.3214	5.35785	2.628	0.520
OutEff3	82	6.3839	7.23386	2.538	0.455
OutEff4	82	2.3571	3.50767	2.630	0.013
OutEff5	82	37210.2411	106776.01298	2.115	0.172
OutEff6	82	31400.9196	92438.80600	2.441	0.520
DevAbi1	82	3.6250	0.65931	−0.347	0.198
DevAbi2	82	3.3482	0.76770	0.286	0.039
DevAbi3	82	2.9821	0.99532	0.060	−0.187
DevAbi4	82	2.9196	0.68627	2.204	−0.088
DevAbi5	82	3.4286	0.68068	0.158	0.787
DevAbi6	82	3.6518	0.76770	−0.869	0.569
EnvSup1	82	7.5179	4.92280	−0.430	0.755

续表

变量符号	样本数	均值	方差	峰度	偏度
EnvSup2	82	4.0625	0.90326	0.494	−0.871
EnvSup3	82	3.7679	0.81630	0.914	−0.457
EnvSup4	82	3.8214	0.90259	−0.349	−0.311
EnvSup5	82	3.6607	0.80038	0.181	−0.165
EnvSup6	82	3.5179	0.97705	−0.466	−0.139
EnvSup7	82	2.7857	0.96262	−0.236	0.259
EnvSup8	82	3.8839	0.83553	−1.176	0.034
EnvSup9	82	3.6071	0.66247	−0.235	0.070

从表5-3可以看出，样本基本符合正态分布假设，可以进行下一步的分析。

5.2.3　信度与效度检验

在对提出的假设进行检验之前，首先对变量数据的信度和效度进行检验。只有满足信度和效度要求的量表，才能继续进行下续分析。

（1）信度分析。信度分析是测度数据的可靠性和稳定性，它是指对同一对象采用同样的方法进行重复测量时所得结果的一致性程度。信度检验方法主要包括内部一致性信度、折半信度、复本信度和重测信度等。其中，最为常用的方法为内部一致性信度，内部一致性信度通常用 Cronbach's α 系数检验。

本书采用 Cronbach's α 系数对调查问卷量表的信度进行检验。如果测度变量的 Cronbach's α 系数大于 0.7，总体相关系数（CITC）大于 0.35，则说明统计数据具有较好的内部一致性。

从表5-4可以看出，除技术创新投入水平和技术创新产出效率 Cronbach's α 系数小于 0.7 以外（但仍大于 0.65），其余都大于 0.7，而且整体 Cronbach's α 系数为 0.5976，说明问卷各维度的效度较好，具有较好的内部一致性。

表 5-4　变量的信度分析

变量类别	变量维度	Cronbach's α 系数	整体系数
开放度	开放参与度	0.7287	
	开放联结度	0.6952	
	开放平稳度	0.8556	
创新协同能力	资源整合	0.8639	
	信息整合	0.7134	
	能力整合	0.7872	0.5976
创新绩效	技术创新投入水平	0.6415	
	创新资源整合能力	0.8165	
	技术创新产出效率	0.6960	
	技术创新开拓能力	0.8304	
	创新环境支持力度	0.7147	

（2）效度分析。效度是判断测量结果是否真正符合研究者所预期的结果，是数据与理想值的差异程度①，反映了潜在变量与观测变量的内在关系，效度检验测度工具能否真正地反映潜在变量的真实程度。如果测量的结果与拟考察对象的内容越吻合，则说明效度越高；如果测量的结果与拟考察对象的内容相背离，则说明效度越低。效度检验主要包括结构效度、内容效度和准则效度三大类。

内容效度是衡量测验与评价质量的重要指标②，是指测验题目对相关内容或行为取样的适用性和代表性如何，也就是测量的内容能否反映出所要测量内容的特质③。本书模型中各测量题项，都是在分析国内外文献资料的基础上，结合调查企业的实际情况提出的，随后经过小样本的预试后再修改而得到的，因此此量表具有适宜的内容效度。

准则效度是指测量与外在准则之间的关联程度。本书中衡量大企业的很多变量是一些软指标，需要依靠答卷者自身的认知水平来进行识别和判断，在概

---

① 李怀祖．管理研究方法 ［M］．西安：西安交通大学出版社，2004：261.
② 赵德成．内容效度——一个不容忽视的问题 ［J］．语文建设，2006（9）：62-64.
③ 吴明隆．SPSS 统计应用实务 ［M］．北京：科学出版社，2003：63.

念上完全重合的客观准则一般很难找到，所以要通过验证衡量分数与准则之间的关系来获得，准则效度需要通过实证分析进行检验。

结构效度是指测量结果体现出来的某种结构与测量变量之间的对应程度。即测量工具中的项目在多大程度上反映研究的理论概念[①]。在进行结构效度评价时一般采用因子分析法，即通过从量表全部的测量题项中提取部分公因子来代表量表的基本结构，使其与某一群特定变量高度关联，从而用来分析和考察问卷中研究者设计的某种假设能否测量出来。如果所提取得到的公共因子与理论结构比较接近时，则说明测量题项具有结构效度。依据经验判定方法，当KMO值大于0.7，各测量题项的载荷系数均大于0.5时，说明可以通过因子分析将统一变量的测量题项进行合并，使其成为一个因子来进行后续分析。本书将逐一地对开放度、创新协同能力和创新绩效各变量进行因子分析。

1）开放度的效度分析。本书首先利用SPSS17.0对开放度的各测量题项进行了探索性的因子分析。因子分析要求原有各变量之间需要具有较强的相关性，这样才能从众多变量中综合提炼出具有共同特性的少数公共因子。SPSS提供了KMO（Kaiser-Meyer-Olkin）和Bartlett's球形检验两种方法验证是否适合进行因子分析。KMO值介于0~1，KMO值越大说明变量之间的相关性越强，越适合进行因子分析。当KMO值小于0.6时，说明数据不适合进行因子分析；当KMO值在0.6和0.7之间时，表示数据勉强可以进行因子分析；而当KMO值大于0.7时，说明数据适合进行因子分析[②]。或者Bartlett's球形检验的显著性概率值越接近0时越适合因子分析，一般来说，显著性概率值小于0.05时可以进行因子分析。

开放度各测量题项的KMO和Bartlett's球形检验结果如表5-5所示。

表5-5　KMO和Bartlett's球形检验结果

KMO（Kaiser-Meyer-Olkin）检验		0.818
Bartlett's球形检验	卡方值 Approx. Chi-Square	262.748
	自由度 df	21
	显著性概率 Sig.	0.000

---

① 曾贱吉. 企业员工组织信任：前因、效应及其作用 [D]. 西安：西安交通大学博士学位论文，2010：37.

② 吴明隆. SPSS统计应用实务 [M]. 北京：科学出版社，2003：67.

由表5-5可以看出，KMO检验值为0.818，表示可以进行因子分析。同时，Bartlett's球形检验的卡方（χ^2）统计值显著性概率值为0.000，小于0.05，也说明适合进行因子分析。

因子分析的总方差分解如表5-6所示。

表5-6　总方差分解（1）

因子编号	初始数据相关系数矩阵			旋转后的相关系数矩阵		
	特征值	占总方差的百分率（%）	占总方差的累计百分率（%）	特征值	占总方差的百分率（%）	占总方差的累计百分率（%）
1	3.459	49.421	49.421	1.953	36.381	36.381
2	1.083	15.477	64.898	1.668	29.670	66.051
3	0.750	10.713	75.611	1.023	14.619	80.607
4	0.514	7.350	82.961			
5	0.479	6.845	89.805			
6	0.390	5.568	95.373			
7	0.324	4.627	100.000			

从表5-6可以看出，有三个因子被提取出来。旋转以后三个因子占总体方差的比例分别为36.381%、29.670%和14.619%，三个因子共解释了原有变量80.607%的信息。

旋转后的因子载荷矩阵如表5-7所示。

表5-7　开放度测量题项的因子载荷

变量	题项	因子1	因子2	因子3
开放参与度	OpenWid1	0.171	0.918	0.204
	OpenWid2	0.293	0.580	0.393
开放联结度	Opendep1	0.217	0.364	0.733
	Opendep2	0.369	0.163	0.669
	Opendep3	0.151	0.204	0.683
开放平稳度	OpenFor1	0.772	0.173	0.111
	OpenFor2	0.516	5.512E-02	0.343

从表5-7可以看出，开放参与度的两个题项在因子2上有较大载荷值，因子载荷系数均大于0.5（最大值为0.918，最小值为0.580），因此可以将这些题项归为一组，称为开放参与度因子。开放联结度在因子3上有较大载荷值，因子载荷系数均大于0.5（最大值为0.733，最小值为0.669），因此可以将这些题项归为一组，称为开放联结度因子。开放平稳度在因子1上有较大载荷值，因子载荷系数均大于0.5（最大值为0.772，最小值为0.516），因此可以将这些题项归为一组，称为开放平稳度因子。

2）创新协同能力的效度分析。创新协同能力各测量题项的 KMO 和 Bartlett's 球形检验结果如表5-8所示。

表 5-8　KMO 和 Bartlerr's 球形检验结果

KMO （Kaiser-Meyer-Olkin） 检验		0.746
Bartlett's 球形检验	卡方值 Approx. Chi-Square	455.744
	自由度 df	28
	显著性概率 Sig.	0.000

由表5-8可以看出，KMO 检验值为0.746，表示可以进行因子分析。同时，Bartlett's 球形检验的卡方（χ^2）统计值显著性概率值为0.000，小于0.05，也说明适合进行因子分析。

因子分析的总方差分解如表5-9所示。

表 5-9　总方差分解 （2）

因子编号	初始数据相关系数矩阵			旋转后的相关系数矩阵		
	特征值	占总方差的百分率（%）	占总方差的累计百分率（%）	特征值	占总方差的百分率（%）	占总方差的累计百分率（%）
1	3.928	49.103	49.103	2.658	33.225	33.225
2	1.247	15.586	64.689	2.230	27.879	61.104
3	1.026	12.829	77.518	1.313	16.414	77.518
4	0.661	8.267	85.785			
5	0.503	6.282	92.067			

因子编号	初始数据相关系数矩阵			旋转后的相关系数矩阵		
	特征值	占总方差的百分率（%）	占总方差的累计百分率（%）	特征值	占总方差的百分率（%）	占总方差的累计百分率（%）
6	0.289	3.615	95.682			
7	0.174	2.169	97.851			
8	0.172	2.149	100.000			

从表5-9可以看出，有三个因子被提取出来。旋转以后三个因子占总体方差的比例分别为33.225%、27.879%和16.414%，三个因子共解释了原有变量77.518%的信息。

旋转后的因子载荷矩阵如表5-10所示。

表5-10　创新协同能力测量题项的因子载荷

变量	题项	因子1	因子2	因子3
资源整合	ResInt1	0.912	1.134E-02	0.162
	ResInt2	0.733	0.463	-4.676E-02
	ResInt3	0.809	0.385	-4.730E-02
信息整合	InfInt1	0.128	0.887	7.282E-02
	InfInt2	0.146	0.876	0.183
能力整合	SkiInt1	0.258	-0.181	0.873
	SkiInt2	0.434	-0.426	0.522
	SkiInt3	-0.498	0.246	0.584

从表5-10可以看出，资源整合的三个题项在因子1上有较大载荷值，因子载荷系数均大于0.5（最大值为0.912，最小值为0.733），因此可以将这些题项归为一组，称为资源整合因子。信息整合在因子2上有较大载荷值，因子载荷系数均大于0.5（最大值为0.887，最小值为0.876），因此可以将这些题项归为一组，称为信息整合因子。能力整合在因子3上有较大载荷值，因子载荷系数均大于0.5（最大值为0.873，最小值为0.522），因此可以将这些题项归

为一组，称为能力整合因子。

3）技术创新绩效的效度分析。技术创新绩效各测量题项的 KMO 和 Bartlett's 球形检验结果如表 5-11 所示。

表 5-11 KMO 和 Bartlett's 球形检验结果

KMO（Kaiser-Meyer-Olkin）检验		0.721
Bartlett's 球形检验	卡方值 Approx. Chi-Square	2757.768
	自由度 df	435
	显著性概率 Sig.	0.000

由表 5-11 可以看出，KMO 检验值为 0.721，表示可以进行因子分析。同时，Bartlett's 球形检验的卡方（χ^2）统计值其显著性概率值为 0.000，小于 0.05，也说明适合进行因子分析。

因子分析的总方差分解如表 5-12 所示。

表 5-12 总方差分解（3）

因子编号	初始数据相关系数矩阵			旋转后的相关系数矩阵		
	特征值	占总方差的百分率	占总方差的累计百分率	特征值	占总方差的百分率	占总方差的累计百分率
1	7.405	24.683	24.683	5.819	19.397	19.397
2	4.142	13.807	38.490	2.969	9.896	29.294
3	2.727	9.091	47.582	2.661	8.871	38.165
4	2.076	6.921	54.503	2.584	8.612	46.777
5	1.633	5.442	59.945	2.386	7.952	54.729
6	1.511	5.036	64.982	2.126	7.087	61.817
7	1.314	4.380	69.362	1.946	6.485	68.302
8	1.205	4.015	73.378	1.523	5.076	73.378
9	0.990	3.300	76.678			
10	0.894	2.980	79.658			

续表

因子编号	初始数据相关系数矩阵			旋转后的相关系数矩阵		
	特征值	占总方差的百分率	占总方差的累计百分率	特征值	占总方差的百分率	占总方差的累计百分率
11	0.741	2.470	82.127			
12	0.701	2.337	84.464			
13	0.601	2.004	86.468			
14	0.532	1.773	88.241			
15	0.510	1.700	89.941			
16	0.466	1.555	91.496			
17	0.393	1.309	92.805			
18	0.340	1.132	93.937			
19	0.329	1.097	95.034			
20	0.289	0.962	95.996			
21	0.228	0.759	96.756			
22	0.204	0.680	97.436			
23	0.169	0.565	98.000			
24	0.153	0.511	98.511			
25	0.129	0.429	98.940			
26	0.107	0.357	99.297			
27	0.101	0.336	99.633			
28	7.528E-02	0.251	99.884			
29	3.382E-02	0.113	99.997			
30	8.600E-04	2.867E-03	100.000			

从表5-12可以看出，有八个因子被提取出来。旋转以后八个因子占总体方差的比例分别为19.397%、9.896%、8.871%、8.612%、7.952%、7.087%、6.485%、5.076%，八个因子共解释了原有变量73.378%的信息。

旋转后的因子载荷矩阵如表5-13所示。

表5-13 技术创新绩效测量题项的因子载荷

变量	题项	因子1	因子2	因子3	因子4	因子5	因子6	因子7	因子8
技术创新投入水平	StrInv1	1.546E-02	0.955	0.138	-1.142E-02	-1.674E-02	-3.154E-02	7.577E-02	2.393E-02
	StrInv2	8.605E-02	0.824	0.237	-7.469E-02	0.143	-8.750E-03	-2.835E-02	0.109
	StrInv3	1.402E-03	0.934	0.135	-3.420E-02	6.332E-02	-0.106	0.101	9.188E-02
创新资源整合能力	StrInt1	0.705	7.441E-02	0.134	1.154E-02	0.302	-1.907E-02	0.233	-3.904E-02
	StrInt2	0.857	0.163	3.221E-02	-4.528E-02	-8.977E-02	0.178	1.246E-02	-6.424E-03
	StrInt3	0.874	-5.682E-02	8.235E-02	-6.551E-02	8.087E-02	0.213	-4.198E-02	-4.997E-02
	StrInt4	0.574	5.187E-02	-0.298	8.292E-02	0.275	0.147	6.387E-02	-5.226E-02
	StrInt5	0.788	-5.496E-02	0.133	-7.587E-02	0.112	0.248	-0.251	-8.047E-02
	StrInt6	0.789	-5.604E-02	-0.184	3.828E-02	-6.366E-02	0.237	-4.311E-02	-8.594E-02
技术创新产出效率	OutEff1	0.168	0.133	0.775	0.129	7.583E-02	0.108	-5.314E-02	-0.116
	OutEff2	9.619E-02	0.197	0.818	4.813E-02	0.241	9.561E-02	-6.829E-02	-4.728E-02
	OutEff3	0.125	3.447E-02	0.807	-6.964E-02	0.152	0.211	6.730E-02	6.501E-02
	OutEff4	-2.870E-02	0.588	3.688E-02	-0.155	0.718	0.102	-0.160	-5.674E-02
	OutEff5	-3.244E-02	0.614	2.716E-02	-0.162	0.676	0.110	-0.176	-5.584E-02
	OutEff6	0.245	3.228E-02	0.192	0.200	0.686	-0.154	6.285E-02	-4.387E-02
技术创新开拓能力	DevAbi1	-1.215E-03	8.824E-02	-2.186E-02	6.943E-02	4.216E-03	1.176E-02	-4.074E-02	0.942
	DevAbi2	-9.132E-02	-8.211E-02	-9.106E-02	-0.169	5.431E-02	5.861E-02	0.629	0.669
	DevAbi3	4.401E-02	4.997E-02	-3.153E-02	4.427E-02	-5.950E-02	0.124	-8.084E-02	0.904
	DevAbi4	0.126	1.124E-02	0.314	0.291	-3.105E-02	0.251	0.333	-0.581

变量	题项	因子 1	因子 2	因子 3	因子 4	因子 5	因子 6	因子 7	因子 8
技术创新开拓能力	DevAbi5	7.910E-02	-8.244E-02	-8.278E-02	-5.363E-02	-3.134E-02	0.275	0.806	8.237E-02
	DevAbi6	0.250	-0.134	8.200E-02	-1.874E-02	0.118	9.691E-02	0.826	-0.102
创新环境支持力度	EnvSup1	0.322	2.618E-02	0.118	0.617	0.306	4.313E-02	-2.990E-02	-2.191E-02
	EnvSup2	0.242	-8.575E-02	0.121	0.636	5.499E-03	-4.915E-02	-0.131	0.118
	EnvSup3	0.224	1.906E-02	0.164	0.692	7.140E-02	-0.195	0.133	-1.012E-02
	EnvSup4	0.372	5.737E-02	2.406E-02	0.547	8.615E-02	-0.215	0.282	4.318E-02
	EnvSup5	0.305	-7.319E-02	0.256	0.600	-3.290E-02	0.159	0.212	6.795E-02
	EnvSup6	0.477	-6.846E-02	0.359	0.561	-5.882E-02	-0.155	0.157	6.080E-02
	EnvSup7	0.175	0.109	0.182	0.594	-3.486E-02	0.368	0.415	5.156E-02
	EnvSup8	8.259E-02	5.557E-02	0.149	0.523	-0.298	0.520	0.195	-4.369E-03
	EnvSup9	0.186	-0.101	0.121	8.159E-02	3.609E-02	0.764	-5.464E-02	9.201E-02

从表5-13可以看出，技术创新投入水平的三个题项在因子2上有较大载荷值，因子载荷系数均大于0.5（最大值为0.955，最小值为0.824），因此可以将这些题项归为一组，称为技术创新投入水平因子。创新资源整合能力在因子1上有较大载荷值，因子载荷系数均大于0.5（最大值为0.874，最小值为0.574），因此可以将这些题项归为一组，称为创新资源整合能力因子。技术创新产出效率的六个在因子3和因子5上有较大载荷值，因子3主要集中在反映专利水平的一些题项上，因子载荷系数均大于0.5（最大值为0.818，最小值为0.775），因此可以将这些题项归为一组，称为技术创新专利产出效率因子。因子5主要集中在反映新产品水平的一些题项上，因子载荷系数均大于0.5（最大值为0.718，最小值为0.676），因此可以将这些题项归为一组，称为技术创新新产品产出效率因子。技术创新开拓能力的六个题项在因子8和因子7上有较大载荷值，因子8主要集中在反映创新资源获取能力方面的一些题项上，因子载荷系数均大于0.5（最大值为0.942，最小值为0.582），因此可以将这些题项归为一组，称为创新资源获取能力因子。因子7主要集中在反映创新地位巩固能力方面的一些题项上，因子载荷系数均大于0.5（最大值为0.826，最小值为0.806），因此可以将这些题项归为一组，称为创新地位巩固能力因子。创新环境支持力度的九个题项在因子4和因子6上有较大载荷值，因子4主要集中在反映非政府环境支持力度方面的一些题项上，因子载荷系数均大于0.5（最大值为0.692，最小值为0.547），因此可以将这些题项归为一组，称为非政府环境支持力度因子。因子6主要集中在反映政府支持力度方面的一些题项上，因子载荷系数均大于0.5（最大值为0.764，最小值为0.520），因此可以将这些题项归为一组，称为政府环境支持力度因子。

分析得出，创新产出能力从创新专利产出水平和创新新产品产出水平两个方面衡量；技术创新开拓能力从创新资源获取能力和创新地位巩固能力两个方面衡量；创新环境支持能力从非政府环境支持能力和政府环境支持能力两个方面衡量。

5.2.4 三种模式开放度、创新协同能力、创新绩效水平分析

（1）三种模式开放度及各维度水平分析。表5-6中提取了三个因子，表5-7三个因子分别命名为：开放参与度因子（因子2）、开放联结度因子（因子3）、开放平稳度因子（因子1），以三个因子占总方差的贡献率为权重系数，得

到开放度综合变量为：

开放度 = （0.29670×开放参与度+0.14619×开放联结度+0.36381×
开放平稳度）/0.80670

开放度各因子和开放度综合水平如附表 1 所示。

（2）三种模式创新协同能力及各维度水平分析。表 5-9 中提取了三个因子，表 5-10 三个因子分别命名为：资源整合因子（因子 1）、信息整合因子（因子 2）、能力整合因子（因子 3），以三个因子占总方差的贡献率为权重系数，得到创新协同能力综合变量为：

创新协同能力 = （0.33225×资源整合+0.27879×信息整合+
0.16414×能力整合）/ 0.77518

创新协同能力各因子和创新协同能力综合水平如附表 2 所示。

（3）创新绩效及各维度水平分析。表 5-12 中提取了八个因子，由表 5-13 八个因子分别命名为：技术创新投入水平因子（因子 2）、创新资源整合能力因子（因子 1）、技术创新专利产出效率因子（因子 3）、技术创新新产品产出效率因子（因子 5）、创新资源获取能力因子（因子 8）、创新地位巩固能力因子（因子 7）、非政府环境支持力度因子（因子 4）、政府环境支持力度因子（因子 6），以八个因子占总方差的贡献率为权重系数，得到创新绩效综合变量为：

创新绩效 =（0.09896×技术创新投入水平+0.19397×创新资源整合能力+
0.08871×技术创新专利产出水平+0.07952×
技术创新新产品产出效率+0.05076×创新资源获取能力+
0.06485×创新地位巩固能力×0.08612×非政府环境支持能力+
0.07087×政府环境支持力度）/0.73378

创新绩效各因子和创新绩效综合水平如附表 3 所示。

5.2.5 三种模式开放度、创新协同能力、创新绩效结构分析

（1）横向型技术创新模式结构分析。

1）横向型技术创新模式开放度三个维度与创新绩效的关系。大企业开放度的三个维度与创新绩效之间的回归分析，是对 H1、H2 、H3 的验证。

横向型技术创新模式开放度的三个维度与创新绩效之间的回归分析结果如表 5-14 所示。

表 5-14 横向型技术创新模式开放度的三个维度对创新绩效回归分析

	Standardized Coefficients Beta	t (Sig.)	Collinearity Statistics	
			Tolerance	VIF
(Constant)		0.783		
OpeDeg	0.087	0.011	0.814	1.229
OpeDep	−0.007	0.013	0.790	1.266
OpeFor	0.320	0.005	0.810	1.234
Adj. R^2	0.691			
F (Sig.)	0.000			
Durbin-Watson	2.106			

注：a. Predictors：(Constant)，OpeWid，OpeDep，OpeFor；b. Dependent Variable：InnPer.

从表 5-14 可以看出，回归模型校正后的确定系数 $R^2 = 0.691$，即模型能解释因变量的比例为 69.1%。回归模型中 D-W 值为 2.106，比较接近 2，所以不存在严重的一阶序列相关问题，符合线性回归分析的前提假设，回归模型的 F 统计量的 Sig. 值为 0.000，回归模型有统计学意义。在回归模型中，自变量的标准化回归系数其 t 检验值的显著性水平 Sig. 值为 0.011、0.013 和 0.005，小于 0.05，说明回归系数显著。同时各变量的 VIF 值均接近 1.000，远远小于 10 的水平，说明不存在序列自相关。从表 5-14 中可以看出，横向型技术创新模式开放参与度、开放联结度和开放平稳度对创新绩效的标准化回归系数均为正数，分别为 0.087、-0.007 和 0.320，H1、H3 得到验证，H2 不成立。

2）横向型技术创新模式开放度三个维度与创新协同能力的关系。大企业开放度的三个维度与创新协同能力之间的回归分析，是对 H4、H5、H6 的验证。

横向型技术创新模式开放度三个维度与创新协同能力之间的回归分析结果如表 5-15 所示。

表 5-15 横向型技术创新模式开放度三个维度对创新协同能力回归分析

	Standardized Coefficients Beta	t (Sig.)	Collinearity Statistics	
			Tolerance	VIF
(Constant)		0.545		

续表

	Standardized Coefficients Beta	t（Sig.）	Collinearity Statistics	
			Tolerance	VIF
OpeDeg	0.075	0.041	0.814	1.229
OpeDep	−0.327	0.003	0.790	1.266
OpeFor	0.188	0.005	0.810	1.234
Adj. R^2	0.584			
F（Sig.）	0.012			
Durbin-Watson	1.854			

注：a. Predictors：（Constant），OpeWid，OpeDep，OpeFor；b. Dependent Variable：NetCoo.

从表 5-15 可以看出，回归模型校正后的确定系数 $R^2 = 0.584$，即模型能解释因变量的比例为 58.4%。回归模型中 D-W 值为 1.854，比较接近 2，所以不存在严重的一阶序列相关问题，符合线性回归分析的前提假设。回归模型的 F 统计量的 Sig. 值为 0.012，回归模型有统计学意义。在回归模型中，自变量的标准化回归系数其 t 检验值的显著性水平 Sig. 值为 0.041、0.003 和 0.005，小于 0.05，说明回归系数显著。从表 5-15 中可以看出，横向型技术创新模式开放参与度、开放联结度和开放平稳度对创新协同能力的标准化回归系数均为正数，分别为 0.075、−0.327 和 0.188，H4 和 H6 得到验证，H5 不成立。

3）横向型技术创新模式创新协同能力与创新绩效的关系。大企业创新协同能力与创新绩效之间的回归分析，是对 H7 的验证。

横向型技术创新模式创新协同能力与创新绩效之间的回归分析结果如表 5-16 所示。

表 5-16　横向型技术创新模式创新协同能力对创新绩效回归分析

	Standardized Coefficients Beta	Sig.	Collinearity Statistics	
			Tolerance	VIF
（Constant）	2.401E−04	0.570		
NetCoo	0.565	0.008	1.000	1.000

	Standardized Coefficients Beta	Sig.	Collinearity Statistics	
			Tolerance	VIF
Adj. R^2	0.601			
F（Sig.）	0.008			
Durbin–Watson	2.181			

注：a. Predictors：（Constant），NetCoo；b. Dependent Variable：InnPer.

从表 5-16 可以看出，回归模型校正后的确定系数 R^2 = 0.601，即模型能解释因变量的比例为 60.1%。回归模型中 D-W 值为 2.181，比较接近 2，所以不存在严重的一阶序列相关问题，符合线性回归分析的前提假设。回归模型的 F 统计量的 Sig. 值为 0.008，小于 0.05，回归模型有统计学意义。在回归模型中，自变量的标准化回归系数其 t 检验值的显著性水平 Sig. 值为 0.008，小于 0.05，说明回归系数显著。变量的 VIF 值等于 1.000，远远小于 10 的水平，所以认为不存在序列自相关。从表 5-16 中可以看出，横向型技术创新模式创新协同能力对创新绩效的回归系数为正数 0.565，因此 H7 得到验证。

（2）纵向型技术创新模式结构分析。

1）纵向型技术创新模式开放度三个维度与创新绩效的关系。大企业开放度的三个维度与创新绩效之间的回归分析，是对 H1、H2、H3 的验证。

纵向型技术创新模式开放度的三个维度与创新绩效之间的回归分析结果如表 5-17 所示。

表 5-17　纵向型技术创新模式开放度的三个维度对创新绩效回归分析

	Standardized Coefficients Beta	t（Sig.）	Collinearity Statistics	
			Tolerance	VIF
（Constant）		0.487		
OpeDeg	−0.066	0.014	0.890	1.124
OpeDep	0.252	0.004	0.856	1.169
OpeFor	0.257	0.003	0.878	1.138
Adj. R^2	0.550			

续表

	Standardized Coefficients Beta	t（Sig.）	Collinearity Statistics	
			Tolerance	VIF
F（Sig.）		0.000		
Durbin-Watson		2.154		

注：a. Predictors：（Constant），OpeWid，OpeDep，OpeFor；b. Dependent Variable：InnPer.

从表 5-17 可以看出，回归模型校正后的确定系数 $R^2=0.550$，即模型能解释因变量的比例为 55.0%。回归模型中 D-W 值为 2.154，比较接近 2，所以不存在严重的一阶序列相关问题，符合线性回归分析的前提假设。回归模型的 F 统计量的 Sig. 值为 0.000，回归模型有统计学意义。在回归模型中，自变量的标准化回归系数其 t 检验值的显著性水平 Sig. 值为 0.014、0.004 和 0.003，小于 0.05，说明回归系数显著。同时各变量的 VIF 值均接近 1.000，远远小于 10 的水平，说明不存在序列自相关。从表 5-17 中可以看出，纵向型技术创新模式开放参与度、开放联结度和开放平稳度对创新绩效的标准化回归系数分别为：-0.066、0.252 和 0.257，H2 和 H3 得到验证，H1 不成立。

2）纵向型技术创新模式开放度三个维度与创新协同能力的关系。大企业开放度的三个维度与创新协同能力之间的回归分析，是对 H4、H5、H6 的验证。

纵向型技术创新模式开放度三个维度与创新协同能力之间的回归分析结果如表 5-18 所示。

表 5-18　纵向型技术创新模式开放度三个维度对创新协同能力回归分析

	Standardized Coefficients Beta	t（Sig.）	Collinearity Statistics	
			Tolerance	VIF
（Constant）		0.575		
OpeDeg	-0.253	0.007	0.890	1.124
OpeDep	0.065	0.018	0.856	1.169
OpeFor	0.308	0.014	0.878	1.138
Adj. R^2		0.519		

	Standardized Coefficients Beta	t（Sig.）	Collinearity Statistics	
			Tolerance	VIF
F（Sig.）	0.013			
Durbin-Watson	1.906			

注：a. Predictors：（Constant），OpeWid，OpeDep，OpeFor；b. Dependent Variable：NetCoo.

从表 5-18 可以看出，回归模型校正后的确定系数 $R^2 = 0.519$，即模型能解释因变量的比例为 51.9%。回归模型中 D-W 值为 1.906，比较接近 2，所以不存在严重的一阶序列相关问题，符合线性回归分析的前提假设。回归模型的 F 统计量的 Sig. 值为 0.013，回归模型有统计学意义。在回归模型中，自变量的标准化回归系数其 t 检验值的显著性水平 Sig. 值为 0.007、0.018 和 0.014，小于 0.05，说明回归系数显著。从表 5-18 中可以看出，纵向型技术创新模式开放参与度、开放联结度和开放平稳度对创新协同能力的标准化回归系数均为正数，分别为-0.253、0.065 和 0.308，H5，H6 得到验证，H4 不成立。

3）纵向型技术创新模式创新协同能力与创新绩效的关系。大企业创新协同能力与创新绩效之间的回归分析，是对 H7 的验证。

纵向型技术创新模式创新协同能力与创新绩效之间的回归分析结果如表 5-19 所示。

表 5-19　纵向型技术创新模式创新协同能力对创新绩效回归分析

	Standardized Coefficients Beta	Sig.	Collinearity Statistics	
			Tolerance	VIF
（Constant）		0.855		
NetCoo	0.525	0.006	1.000	1.000
Adj. R^2	0.546			
F（Sig.）	0.006			
Durbin-Watson	2.045			

注：a. Predictors：（Constant），NetCoo；b. Dependent Variable：InnPer.

从表 5-19 可以看出，回归模型校正后的确定系数 $R^2 = 0.546$，即模型能解释因变量的比例为 54.6%。回归模型中 D-W 值为 2.045，比较接近 2，所以不存在严重的一阶序列相关问题，符合线性回归分析的前提假设。回归模型的 F 统计量的 Sig. 值为 0.006，回归模型有统计学意义。在回归模型中，自变量的标准化回归系数其 t 检验值的显著性水平 Sig. 值为 0.006，小于 0.05，说明回归系数显著。变量的 VIF 值等于 1.000，远远小于 10 的水平，所以认为不存在序列自相关。从表 5-19 中可以看出，创新协同能力对创新绩效的回归系数为正数 0.525，因此 H7 得到验证。

（3）混合型技术创新模式结构分析。

1）混合型技术创新模式开放度三个维度与创新绩效的关系。大企业开放度的三个维度与创新绩效之间的回归分析，是对 H1、H2、H3 的验证。

混合型技术创新模式开放度的三个维度与创新绩效之间的回归分析结果如表 5-20 所示。

表 5-20　混合型技术创新模式开放度的三个维度对创新绩效回归分析

	Standardized Coefficients Beta	t（Sig.）	Collinearity Statistics	
			Tolerance	VIF
（Constant）		0.209		
OpeDeg	0.344	0.007	0.845	1.184
OpeDep	−0.124	0.014	0.909	1.100
OpeFor	0.100	0.019	0.920	1.087
Adj. R^2	0.573			
F（Sig.）	0.016			
Durbin−Watson	1.852			

注：a. Predictors：（Constant），OpeWid, OpeDep, OpeFor；b. Dependent Variable：InnPer.

从表 5-20 可以看出，回归模型校正后的确定系数 $R^2 = 0.573$，即模型能解释因变量的比例为 57.3%。回归模型中 D-W 值为 1.852，比较接近 2，所以不存在严重的一阶序列相关问题，符合线性回归分析的前提假设。回归模型的 F 统计量的 Sig. 值为 0.016，小于 0.05，回归模型有统计学意义。在回归模型中，自变量的标准化回归系数其 t 检验值的显著性水平 Sig. 值为 0.007、0.014 和

0.019，小于0.05，说明回归系数显著。同时各变量的VIF值均接近1.000，远远小于10的水平，说明不存在序列自相关。从表5-20中可以看出，混合型技术创新模式开放参与度、开放联结度和开放平稳度对创新绩效的标准化回归系数分别为0.344、-0.124和0.100，H1、H3得到验证，H2不成立。

2）混合型技术创新模式开放度三个维度与创新协同能力的关系。大企业开放度的三个维度与创新协同能力之间的回归分析，是对H4、H5、H6的验证。

混合型技术创新模式开放度三个维度与创新协同能力之间的回归分析结果如表5-21所示。

表5-21 混合型技术创新模式开放度三个维度对创新协同能力回归分析

	Standardized Coefficients Beta	t（Sig.）	Collinearity Statistics	
			Tolerance	VIF
（Constant）		0.736		
OpeDeg	0.228	0.015	0.845	1.184
OpeDep	-0.118	0.019	0.909	1.100
OpeFor	0.406	0.008	0.920	1.087
Adj. R^2	0.546			
F（Sig.）	0.017			
Durbin-Watson	1.944			

注：a. Predictors：（Constant），OpeWid，OpeDep，OpeFor；b. Dependent Variable：NetCoo.

从表5-21可以看出，回归模型校正后的确定系数 $R^2 = 0.546$，即模型能解释因变量的比例为54.6%。回归模型中D-W值为1.944，比较接近2，所以不存在严重的一阶序列相关问题，符合线性回归分析的前提假设。回归模型的F统计量的Sig.值为0.017，小于0.05，回归模型有统计学意义。在回归模型中，自变量的标准化回归系数其t检验值的显著性水平Sig.值为0.015、0.019和0.008，小于0.05，说明回归系数显著。从表5-21中可以看出，混合型技术创新模式开放参与度、开放联结度和开放平稳度对创新协同能力的标准化回归系数均为正数，分别为0.228、-0.118和0.406，H4和H6得到验证，H5不成立。

3）混合型技术创新模式创新协同能力与创新绩效的关系。大企业创新协同能力与创新绩效之间的回归分析，是对 H7 的验证。

混合型技术创新模式创新协同能力与创新绩效之间的回归分析结果如表 5-22 所示。

表 5-22　混合型技术创新模式创新协同能力对创新绩效回归分析

	Standardized Coefficients Beta	Sig.	Collinearity Statistics	
			Tolerance	VIF
（Constant）		0.593		
NetCoo	0.582	0.001	1.000	1.000
Adj. R²	0.667			
F（Sig.）	0.001			
Durbin-Watson	1.865			

注：a. Predictors：（Constant），NetCoo；b. Dependent Variable：InnPer.

从表 5-22 可以看出，回归模型校正后的确定系数 $R^2 = 0.667$，即模型能解释因变量的比例为 66.7%。回归模型中 D-W 值为 1.865，比较接近 2，所以不存在严重的一阶序列相关问题，符合线性回归分析的前提假设。回归模型的 F 统计量的 Sig. 值为 0.001，小于 0.05，回归模型有统计学意义。在回归模型中，自变量的标准化回归系数其 t 检验值的显著性水平 Sig. 值为 0.001，小于 0.05，说明回归系数显著。变量的 VIF 值均等于 1.000，远远小于 10 的水平，所以认为不存在序列自相关。从表 5-22 中可以看出，混合型技术创新模式创新协同能力对创新绩效的回归系数为正数 0.582，因此 H7 得到验证。

（4）三种模式作用路径的比较分析。

利用 SPSS 统计软件，得到了三种模式开放度三个维度对创新绩效的直接影响，同时也得到了三种模式开放度通过创新协同能力对创新绩效的间接影响。以标准化回归系数为路径系数，得到三种模式开放度各维度、创新协同能力与创新绩效之间的路径图，如图 5-1、图 5-2 和图 5-3 所示。

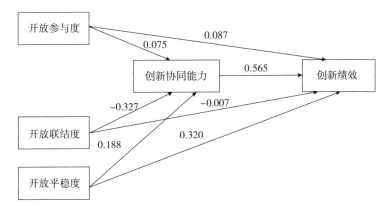

图5-1 横向型技术创新模式开放度与创新协同能力对创新绩效影响的路径

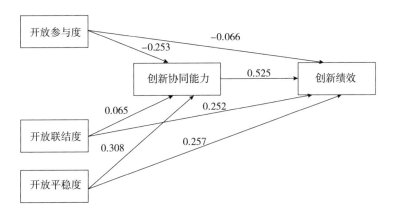

图5-2 纵向型技术创新模式开放度与创新协同能力对创新绩效影响的路径

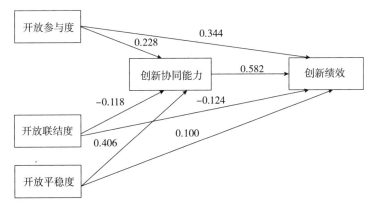

图5-3 混合型技术创新模式开放度与创新协同能力对创新绩效影响的路径

从图 5-1 可以看出，横向型技术创新模式中开放参与度与开放平稳度对创新协同能力的路径系数为 0.075 和 0.188，说明这两个维度对创新协同能力的作用方向是正向的，同时也可以看出，对于采用横向型技术创新模式的大企业来说，开放平稳度对创新协同能力的作用更大。横向型技术创新模式中开放参与度与开放平稳度对创新绩效的路径系数为 0.087 和 0.320，说明这两个维度对创新绩效的作用方向也是正向的。而开放联结度对创新协同能力和创新绩效的路径系数均为负数，说明目前对于采用横向型技术创新模式的企业来说，开放联结度对其作用效果为负向。总体而言，对于横向型技术创新的企业来说，开放度通过创新协同能力对创新绩效的间接作用系数为 0.565。

从图 5-2 可以看出，纵向型技术创新模式中开放联结度与开放平稳度对创新协同能力的路径系数为 0.065 和 0.308，说明这两个维度对创新协同能力的作用方向是正向的，同时也可以看出，对于采用纵向型技术创新模式的大企业来说，开放平稳度对创新协同能力的作用更大。纵向型技术创新模式中开放联结度与开放平稳度对创新绩效的路径系数为 0.252 和 0.257，说明这两个维度对创新绩效的作用方向也是正向的。而开放参与度对创新协同能力和创新绩效的路径系数均为负数，说明目前对于采用纵向型技术创新模式的企业来说，开放参与度对其作用效果为负向的。总体而言，对于纵向型技术创新模式的企业来说，开放度通过创新协同能力对创新绩效的间接作用系数为 0.525。

从图 5-3 可以看出，混合型技术创新模式中开放参与度与开放平稳度对创新协同能力的路径系数为 0.228 和 0.406，说明这两个维度对创新协同能力的作用方向是正向的，同时也可以看出，对于采用混合型技术创新模式的大企业来说，开放平稳度对创新协同能力的作用更大。混合型技术创新模式中开放参与度与开放平稳度对创新绩效的路径系数为 0.344 和 0.100，说明这两个维度对创新绩效的作用方向也是正向的。而开放联结度对创新协同能力和创新绩效的路径系数均为负数，说明目前对于采用混合型技术创新模式的企业来说，开放联结度对其作用效果为负向。总体而言，对于混合型技术创新模式的企业来说，开放度通过创新协同能力对创新绩效的间接作用系数为 0.582。

从以上分析我们可以看出，辽宁三种开放式创新模式对于大企业创新绩效的影响机制存在很大的差别，对于选择横向型和混合型技术创新模式的企业来说，开放参与度与平稳度是两个重要的因素；对于选择纵向型技术创新模式的企业来说，开放联结度和开放平稳度是两个重要的因素。辽宁三种开放式技术创新模式通过创新协同能力的间接作用，对创新绩效的作用均为正数，说明开放式创新对于大企业创新绩效的提高，进而提升企业的核心竞争力是至关重要的。同时我们发现，在三种开放式技术创新模式下，开放平稳度对创新能力和创新绩效的作用均为正数，说明了开放平稳度对大企业发展的重要性。而在以往的大部分相关研究中，学者们只考虑了与开放参与度和开放联结度相关的因素，忽略了开放平稳度这一重要因素，本书引入这一因素从理论和实践角度都具有重要的意义。

5.3   结论

在开放式技术创新过程中，以大企业为中心的众多利益相关者，依据自身的资源禀赋、创新技术属性、行业情况以及市场潜能，结成适合的大企业开放式技术创新模式，分别是横向型技术创新模式、纵向型技术创新模式以及混合型技术创新模式。横向型技术创新模式是指处于产业链相同环节或相同生产阶段的竞争企业为实现共同的技术创新而相互合作、风险共担、成果共享的开放式技术创新模式。目的在于通过各个创新合作利益相关者的创新资源的互补实现高科技、前沿性的关键技术的研发和改进。纵向型技术创新模式主要是指处于同一产业链不同环节或部门之间的交互合作、共同创新、风险共担、利益共享的开放式技术创新模式。在这一创新过程中，各个利益相关者以各自的专业优势为基础，按照产业链条的分工协作关系，有效地整合产业链上、下游的各种创新资源，并引入高校、科研机构等异质性的外部创新资源，以促进目标技术的成功创新和突破。混合型技术创新模式是集横向型、纵向型于一体的技术创新模式。不同类型的合作伙伴与大企业之间，依据不同的创新需求构成不同层次的创新合作网络，这些合作网络之间也存在一定程度的交叉和层叠，更加有利于大企业实现各种技术创新活动的需求。

通过对辽宁大企业开放度、创新协同能力与创新绩效之间关系的比较分析，可以看出，三种不同的开放式创新模式对创新绩效的影响具有差异性。在横向型技术创新模式中，开放参与度与开放平稳度对创新协同能力和创新绩效的作用方向是正向的，开放平稳度对创新协同能力的作用更大。而开放联结度对创新协同能力和创新绩效的作用效果为反向。开放度通过创新协同能力对创新绩效起间接作用。在纵向型技术创新模式中，开放联结度与开放平稳度对创新协同能力和创新绩效的作用方向是正向的。而开放参与度对创新协同能力和创新绩效的作用效果为反向，开放度通过创新协同能力对创新绩效起间接作用。在混合型技术创新模式中，开放参与度与开放平稳度对创新协同能力和创新绩效的作用方向也是正向。而开放联结度对创新协同能力和创新绩效的作用效果为反向的。开放度通过创新协同能力对创新绩效起间接作用。由此可以看出，三种开放式技术创新模式对于大企业创新绩效的影响机制存在很大的差别。对于选择横向型和混合型技术创新模式的企业来说，开放参与度与平稳度是两个重要的因素；对于选择纵向型技术创新模式的企业来说，开放联结度和开放平稳度是两个重要的因素。三种开放式技术创新模式通过创新协同能力对创新绩效起正向作用，说明开放式技术创新对于大企业创新绩效的提高及企业的核心竞争力的提升是至关重要的。并且开放平稳度对创新绩效作用很大，说明了开放平稳度对大企业发展的重要性。

6 国外经验借鉴

6.1 美国

美国是典型的创新驱动经济体，也是全球创新驱动活动的引领者。作为美国创新的主导力量——大企业，为美国的创新驱动经济发展注入了不竭的动力，是促进美国经济发展的"助推器"。

6.1.1 美国创新驱动的发展战略

"二战"结束后，美国一直重视创新在经济发展中的作用，通过采取全面领先的战略导向，注重创新成果的迅速商业化。20 世纪 80 年代，美国提出了以产业技术为核心的创新战略，通过加大投资力度对研究与开发投资实行倾斜政策，提高产业竞争力，对一些特定产业的大企业采取干预措施，为不同产业的大企业提供优惠贷款或贷款保证，同时鼓励大企业投资高技术产业。20 世纪 90 年代，美国政府通过改善大企业技术创新环境、减税和出资协助私人企业等方式，鼓励产学研联合创新，例如，企业之间、企业与大学和政府实验室之间等进行技术创新的合作，从而分摊成本，降低风险。通过一系列的创新战略，从而实现了美国经济的十年高速增长。

由于美国对信息产业投资过热的因素的影响，2000 年后美国的经济出现衰退，为促进经济复苏，美国通过减税计划、紧急拨款及停发国债等方式，加大科技研发特别是国防研发的力度。同时借助资产证券化和房地产业的快速发展，促进了经济的复苏。

2008 年，由于金融泡沫和房产泡沫的破裂导致了美国及全球性的金融危机，面对新的挑战，2009 年，美国政府开始加大科技研发的投入，强调了创新和科技进步对美国的重要性。① 2010 年，美国颁布"再工业化"创新驱动战略。所谓"再工业化"是为了刺激经济增长，在政府的帮助下，鼓励新兴产业的增长和扶持旧产业复兴和现代化的一种政策。美国通过实施"再工业化"战略，实现实体经济的回归，通过运用高新技术改造和升级制造业，发展先进制造业。在新的创新驱动战略中，依然将科技创新作为经济发展的核心要素，提出政府、企业和民众合力创新的全面创新体系。

6.1.2　美国创新驱动的特点

（1）构建多元化的创新体系。在创新驱动战略的推动下，美国政府更加重视政府、企业和研究机构之间的联系，以技术创新推动制造业的快速发展，发展以制造业为主的实体经济。通过官产学联合，实施"高端制造合作伙伴"计划，通过政府投入、企业和高校联合，对国家重点项目进行攻关，有效地加快了创新产品商业化的进程，促进了创新成果的顺利转化。② 同时还引导和鼓励科研专家，进行自由的沟通与交流，提升研究人员的工作技能和效率。在创新的过程中，注重大小企业的相互呼应，通过出台相关的政策和措施，鼓励和扶持中小企业的发展，视其为创新战略的主体力量。通过一系列的措施，构建了一个充满创新活力的多元化的创新体系。

（2）加强创新投入的力度。技术创新是一项高风险、高投入的活动，美国政府一直都积极加强对创新领域的投入，特别是对纳米技术、能源材料、生物医学及信息网络等基础研究和新兴领域的资助与投入。一方面通过政府投入、大企业与高校联合的方式进行技术的研发，以 2012 年的政府预算为例，政府为NSF、DARPA 和 NIST 等科研机构共增加了 50 多亿美元的科研基金，用于制造业科技的应用研究；另一方面通过投资和减税等方式大力支持创新成果的商业化，如"小企业岗位传递计划""创业美国计划"，从而提高技术创新的商业化水平。

（3）注重高端产业的引领。为保持高端制造业在全球中的霸主地位，美国政府通过出台"高端制造合作伙伴"计划，引领企业和大学向高端技术创新进

---

① 金相郁，张焕兆等．美国创新战略变化的三个阶段及对中国的启示［J］．中国科技论坛，2012（3）：144-147.

② 李捷，王存肃等. 2011 年全球主要国家工业技术创新情况分析［J］．中国经贸导刊，2012（6）：18-24.

军。加大对纳米、信息、生物、航天、新能源等领域的攻关研究研究，将其在基础研究领域中的领先优势转化为制造业的领先优势，促进高科技成果的快速转化，实现振兴高端制造业的目标。

6.1.3　美国大企业的技术创新战略

新技术革命催生出新的产业变革。特别是 21 世纪，以云计算、大数据、3D打印技术、可再生能源技术、新材料技术以及现代生物技术为代表的新技术的突破。在新的产业变革中，最突出的特点就是信息网络技术的全覆盖，信息网络技术将广泛地应用于制造业，与制造业深度融合，实现制造业的智能化、高端化，从而也使其专业化程度不断提高。在美国的创新驱动战略中，企业是创新体系的主体，特别居于技术创新的主导地位。大企业或自己投资，或与政府大学合作进行新技术的研发，利用产学研的密切合作促进产业的转型、升级和发展，使其创新能力大大增强。例如，美国以斯坦福大学为首的八所大学和九所社区学院为中心而发展起来的"硅谷"；杜邦公司在特拉华州的实验中心仅研究人员就达 2000 多人；美国通用公司的研究实验室以基础研发为主，着眼于企业的长期创新和持续创新，积累丰富的科学知识和研发经验，与生产和销售部门紧密协作，不断实现创新成果的商业化，提升企业的创新能力、竞争实力。新技术革命进程中，美国大企业凭借雄厚的研发资金和人力资源不断推出新的产品，在国际市场上保持强劲的竞争优势。

与此同时，美国政府也更加重视中小企业的技术创新和扩散，充分调动中小企业在创新中的积极性，使之与大企业相呼应，从而极大地提高了创新能力，推动经济的进一步增长。

6.2　德国

6.2.1　德国创新驱动的发展战略

"二战"后，德国为了恢复和发展国内经济，将科技创新放到国家发展的核心地位，根据不同时期的发展需要，制定一系列的措施，加大科技投入，建立完善的科技研发体系，从而增强国家的科技实力，通过创新驱动经济的发展，重塑科技创新强国形象。德国在创新驱动战略的实施过程中，特别重视战略的连续性及系统性，2006年，为了加强创新力量，政府发布了《德国高科技战略》，提出了从研发到创新，到商业化一系列的措施，实现了科研与市场的有效结合；2010年的《德国2020高科技战略》在《高科技战略》的基础上，确定了在能源、生物技术、纳米技术、交通和生物技术五个重点领域的创新战略。2013年，为支持工业领域的新技术研发与创新，德国推出了具有世界影响力的《德国工业4.0》战略计划实施建议，这是为提高德国工业竞争力，由产学研各界共同制定的战略。其核心是"智能+网络化"，即通过虚拟—实体系统，构建智能工厂，实现智能制造。① 通过"领先的供应商战略"和"领先的市场战略"来提升德国制造业的竞争力。

6.2.2 德国创新驱动的特点

（1）重视创新战略的连续性、系统性。在创新驱动战略的实施中，德国特别重视战略的连续性和系统性，针对不同的发展阶段和创新侧重点，设计实施不同的创新驱动战略，同时通过颁布相应的法律措施予以保障，例如2010年出台的《2020年德国高科技战略》就是在2006年《德国高科技战略》基础上做了进一步的明确规范，旨在加强关键领域的研发与创新。随着信息产业发展的需要，颁布了《数字德国2015》，通过《德国工业4.0计划》引领世界制造业的智能新时代，推动德国成为世界创新强国。

（2）重视企业的研发投入。企业是德国创新的主体，也是科研经费的主要投入者，占研发总投入的2/3。而政府在关键技术领域技术创新给予的资助力度也是非常大的，政府通过对重点创新领域的投入，发展对经济增长有拉动作用的创新领域。同时，政府还通过采取一系列措施，如对高新技术中小企业的贴息或低息信贷、创立风投公司等措施鼓励中小企业参与创新活动，提升中小企业的创新能力。

（3）开放的创新模式。德国在创新驱动实施过程中，通过构建产业集群来提高企业的效率。德国大企业在研发中注重企业与大学、政府及科研机构的合

---

① 丁纯，李君扬. 德国"工业4.0"：内容、动因与前景及其启示［J］. 德国研究，2014（4）:49-66.

作，同时也特别重视中小企业在创新中的作用。

6.2.3　德国大企业的技术创新战略

毋庸置疑，大企业是德国创新驱动战略的主要力量，是研发的主体。在德国，大企业一般都设有研究部和开发部，负责科研的领导和协调工作，研究与发展中心承担具体的科研任务，每年的科研与开发经费非常可观，例如，1995年仅赫希斯特、拜尔和巴斯夫三家企业的科研与开发投入之和就占德国化学工业研发投入的2/3。约有2/3的研究人员在私人企业工作，而且都集中在大企业里。在加大对大企业科技创新投入的同时，德国也注重中小企业在创新驱动经济发展中的地位，通过设立专门的法律法规及资金支持来保障中小企业的发展，从而形成大小企业协同发展的创新体系。

6.3　英国

6.3.1　英国创新驱动的发展战略

作为工业革命发源地的英国，其基础研究水平一直处于世界领先地位，是世界高科技、高附加值产业的重要研发地，但其将研究成果转化为市场价值的能力相对较弱。20世纪后，虽然其基础研究仍然保持领先地位，但应用技术创新明显滞后，导致了经济上的萎靡不振。为了提振国家经济，英国确立了创新驱动经济发展的战略，推动科技创新实施重大的战略转变，全面提升国家竞争力。1993年，针对国家创新能力存在的问题，出台了《实现我们的潜力——科学、工程和技术的战略》，提出了相关的政策措施，标志着英国将科技创新、科技产业化作为国家发展的基本国策。2000年发布的《卓越与机遇——21世纪科学与创新政策》、2001年的《变革世界中的机遇——创业、技能和创新》白皮书，均以创新为主题，同时出台一系列的创新政策，构成了英国的国家创新体系。首先，以强大的基础研发能力为支撑，进行新兴领域的技术创新，通过加大对新兴技术的投入，打造世界级的研发中心，通过提前布局，抢占新技术的制高点。其次，采取"政府一盘棋"的战略，全面指导国家未来产业的发展，强调官产学研的沟通与合作，支持产业发展。最后，充分肯定企业在创新驱动中的核心要素地位，鼓励企业自身开展研发活动和研发投入，引导社会资金参与创新，为企业创新创造良好的环境。强调以创新引领科技经济发展，引领新的技术革命，重塑英国科技的领先地位。①

6.3.2　英国创新驱动的特点

（1）以创新需求为动力，加大重点研发的支持力度。英国政府以创新驱动为目标，积极出台相关政策和文件，以满足创新者新的、更高的需求来推动创新，一方面增加政府研发的投入预算，另一方面破除创新障碍，对有未来前景、有竞争优势的产业和重大新兴技术加大投入。

（2）以基础研究为支撑，向新兴技术创新发展。英国拥有世界一流的研究基础，政府通过采取对人才和研究的支持措施，关注新兴产业和新技术的研发，制造业是英国的优势产业，政府通过资助合作研发知识转移网络、建立合作伙伴关系、政府采购等措施驱动制造业的创新发展。出台《促进增长的创新与研究战略》，加大了对生命科学、高附加值制造业、纳米技术和信息技术四大重点关键技术领域的投入，通过减免研发税收、鼓励风投、提升公用事业部门与农业食品部门等的创新水平，重启中小企业研发计划，实行新技术的商业化，提升科技创新能力和国家竞争力。

（3）以企业创新为引擎，打造创新企业集群。企业是创新的发动机也是创新的驱动器，英国政府力除阻碍企业创新的诸多因素，采取一系列行动，支持企业的创新。打造具有英国特色的企业集群，以此来提升企业的创造力，市场开拓力和持续创新能力，从而增强企业的竞争力。英国政府通过减免税收等措施吸引企业开展研发活动，通过建立多元化的创新体系，推动重点产业的创新，实现新兴技术的商业化，支持中小企业的创新活动。

6.3.3　英国大企业的技术创新战略

英国的大企业虽然在企业总数中占的比重比较小，但是依然是创新驱动的

① 陈强，余伟. 英国创新驱动发展的路径与特征分析［J］. 中国科技论坛，2013（12）.

主力。在英国的创新体系中，形成了以大企业为中心的"卫星式"创新模式，小企业的创新活动基本上是围绕着大企业的创新展开的，通过与大企业的合作，进行联合创新，其创新投入也大部分来自大企业的支持，二者建立了稳定的协作关系。

在英国的经济发展中，一个与众不同的模式是企业集群的发展战略。这些由众多中小企业集聚而形成的企业集群伴随着英国的工业革命而迅速发展起来，对经济的增长具有很大的促进作用。英国通过创新驱动战略，将制造业与服务业融合形成"产品+服务"和分布式的高端制造，这种创新模式的实现，有助于加快创新的步伐。

6.4　日本

6.4.1　日本创新驱动的发展战略

日本是一个依靠科技创新而迅速崛起的国家，"二战"结束后，战败的日本不仅生产设施及公共设施受到破坏，而且工农业生产基础也遭到重创，国民财富的40%因战争而流失，经济发展陷入瘫痪。但依靠以政府为指导，以市场为导向，以企业为主体，积极引进外资，依靠引进—消化、吸收—再创新的战略，实现了经济的迅速恢复和发展。20世纪80年代，日本政府提出了"技术立国"的战略，将技术创新摆在优先发展的位置，促进了经济持续增长，用较短的时间完成了技术升级和产业跃升，成为仅次于美国的经济大国。日本在经济发展的不同时期，提出了不同的创新战略。

在经济复兴时期，日本采用直接引进的创新战略，战后为了恢复基础设施和促进基础产业的发展，日本积极利用外资和引进外国技术，采取"倾斜式生产方式"，着重发展"四大基干产业"（煤炭、钢铁、电力和造船），主要以引进外资和引进成套的生产设备、生产流水线为主，同时引进制造技术，提升传统工业水平，从而在短时间内，使基础设施和基础产业得到恢复和发展。经济高速增长期则采用消化吸收—模仿创新战略，全面大量引进钢铁、机械、电子和石油化工等方面的技术，并加大对技术成果的消化和吸收，在此基础上通过

"反求工程"对技术进行改良和创新，建立自己的技术创新体系。经济稳定发展期制订的是自主创新战略，日本通过引进、消化、吸收、改良，从而实现二次创新。同时还引进一些尚未付诸实践的"实验室"技术，通过对这些技术的改良使其成熟，从而提高了产品的质量和性能，而且能通过实施标准化、专业化生产而在产品生产方面与发达国家并驾齐驱，实现了经济的赶超。经济低速增长期制订的是知识创新战略，20世纪90年代为了应对经济长期的低迷状态，日本提出了"知识产权立国"的策略，将原来的依靠加工组装、大量生产的制造体系转向了创造高附加值的知识生产，知识创新成了日本经济竞争中的核心要素。2011年，日本又通过了《科学技术基本计划》，提出了"绿色创新"和"生活创新"的发展战略。日本通过不同的科技创新驱动战略，成为世界科技的强国。

6.4.2　日本创新驱动的特点

（1）以政府为指导。日本技术创新驱动战略的有效实施及技术创新的迅速发展与日本政府积极有效的干预是不可分的。日本政府通过出台技术创新的相关政策，为技术创新战略的实施提供了有力的支持和保障。政府通过直接协调性干预、制定产业政策和提供相关信息服务等协调和管理企业的技术创新活动。

（2）以企业为主体。日本的技术进步及创新虽然是在政府主导下展开的，但并不是由政府进行全面的管理和控制，企业作为技术创新的主体，在技术创新过程中发挥了重要的作用。首先，企业作为技术创新的主体，在R&D的投入上占了最大的比例，为技术创新提供了不竭的资金支持。其次，通过企业间的技术竞争和联合，促进了技术创新的多元化发展。最后，企业中充实的科研人员队伍，是技术创新成功的保证。企业是技术知识生产和应用的主要承担者，创新者大多都来自企业生产部门的工程师和技术工人。同时以产业为主导，实行产学研协作。产学研合作是日本高技术产业得以发展、实现创新的重要手段。

（3）以市场为导向。日本的技术创新采取了以市场创新为导向的发展路径，强调发展具有国际竞争力的产业，高技术、高附加值的产业，从而形成了"日本的基础研究—日本的应用研究—日本的新产品开发研究"的创新模式，利用全球资源进行技术的创新及发展，实现利润最大化，同时开拓国际市场。

6.4.3   日本大企业的技术创新战略

日本的大企业在创新驱动战略中起着主要作用。日本的大企业依靠自身雄厚的资金和科研实力，对日本的经济发展起着骨干的作用。日本用于技术创新的研发经费 40% 来源于大企业，大企业在利用公司内部丰富的研究资源的同时也积极探索与外界的研发合作，加速技术创新的效率。同时，在产业集群战略中，很多大企业与小企业进行合作，将所开发的产品向基础技术型的中小企业推广，从而满足市场的需要。

7 以创新驱动大企业开放式技术创新绩效的对策

7.1 发挥政府的引导作用，构建产学研协同创新体系

所谓产学研协同创新是指企业、高校及科研院所、政府等配置创新资源进行创新活动的一种制度安排和机制，即企业、高校及科研院所等打破行业界限，以创新资源共享及创新优势互补为基础，以联合开发、利益共享、风险共担为原则，共同开展创新活动，其实质是技术、人才、信息和管理等创新要素的有效整合。协同创新的实现需要国家的引导和制度安排，促进创新各方进行协作互补，开展技术创新和成果的转化。产学研协同创新作为提升创新能力的有效途径，也是当今科技创新的新范式。①

政府作为职能部门，在产学研协同创新中发挥着重要的作用，它既是产学研协同创新的服务者、产学研协同创新的协调者，也是产学研协同创新的管理者，对产学研协同创新起着助推器的作用，因此政府要发挥其积极的引导作用，引导协同创新服务于科技进步和经济增长，实现创新驱动经济发展的目标，构建产学研协同创新体系，为产学研协同创新提供制度保障。

通过对部分国家的创新驱动战略经验分析可看出，在创新驱动经济发展过程中，政府可以通过制定相关政策、法规，支持和引导产学研协同创新体系的构建。

---

① 张钦朋. 产学研协同创新政府引导机制研究 [J]. 科技进步与对策，2014 (3)：96-99.

7.1.1　引导各创新主体组建产业技术创新战略联盟

在开放式创新的背景下，产学研协同创新已成为创新的一种趋势，政府应充分发挥技术规划协调和资源统筹作用，通过政策、规章和平台建设等措施服务于新兴技术协同创新的各个层面，使创新参与者组建技术创新战略联盟。根据联盟中起核心作用的主体的不同，可以分为高校主导型、企业主导型及政府主导型。①

（1）高校主导型技术创新战略联盟。高校主导型技术创新联盟是指高校对资源进行整合，培育高新技术企业，以实现自身创新科技成果的商品化、产业化。包括高校根据自身研究成果组建公司，或高校向企业等其他组织出售创新技术知识产权或专利，或以技术入股，从而实现技术转移。在技术创新活动中，大学拥有基础研究、专业人才、科研设备、知识和技术信息等优势，但其经费有限，致使一些活动无法得到支持，同时，由于高校对现实市场缺乏了解，有可能造成创新成果不适应市场需求。通过与企业进行产学研合作，则可以利用企业的资金资源和市场资源，生产试验设备和场所以及市场信息等资源，从而实现高校科技、人才优势与企业资源、市场优势的互补，加快科技创新的速度和创新成果的商业化进程，实现高校与企业的双赢，如清华紫光、北大方正等。

（2）企业主导型技术创新战略联盟。技术创新是一项高投入、高风险和高收益的活动，对利润的追逐是企业进行创新的原动力。为了弥补自身研发在技术资源和人力资源方面的不足，企业主动寻求与高校的协作。高校配合企业的技术创新，为技术创新提供必要的人力和技术支持，为企业服务，共享其人力资源、技术资源和设备资源。研发的全部流程由企业负责，企业居于研发的主导地位。由于企业对于市场的敏锐性高，从而有利于产学研协同创新成果的快速商业化，并且使研发活动有充足的经费支持。这种模式使研究既拥有了市场价值又拥有了持续性，如英特尔的研发模式，有利于创新活动的开展。

（3）政府主导型技术创新战略联盟。在技术创新过程中，政府作为产学研协同创新的主导者，通过其决策、协调、信息等功能，将企业与高校这两个创新主体结合起来，实现协同创新。各主体在产学研协同创新中由政府搭台，财

---

① 徐莉，杨晨露. 产学研协同创新的组织模式与运行机制研究［J］. 科技广场，2012（11）：210-214.

政出资、引资，将高校、企业、科研院所等紧密地联系起来，通过搭建信息平台，为产学研各主体提供更为便捷的信息交换服务，促使高校避免了研究的盲目性和更为重视研发成果的转化，提升了企业技术创新的积极性。

政府要充分尊重各创新主体的利益和需求，坚持效率和公平相统一的原则，协调好各个创新主体之间的合作和利益分配。同时各创新参与者之间的合作需要政府的政策支持和引导，政府应通过相关的政策和法规，为技术创新联盟提供资金和政策等方面的支持。

7.1.2 构建产学研协同创新合作网络

（1）产学研协同创新合作网络。所谓网络，Camagni（1990）认为，"网络是企业在其互补性资产和市场关系的范围内，有选择地与更好的合作伙伴竭诚的明确的关系的闭集合……"。而 Imai 和 Baba（1989）则指出，"网络组织是拥有众多强关系和弱关系的核心组织之间的松散耦合……是为了系统性创新的一种制度安排"。尹博（2012）认为，创新网络是"网络参与主体对资源、技术、人才的独占和专有，通过创新合作网络，参与主体可以获得不同的利益，诸如互补性资产、市场关系、风险共担或规避等"。Podolny（1998）认为，"技术创新网络是为了解决网络环境下技术创新不确定性和单个企业创新资源有限性的突出矛盾，各个不同层次的相关企业或组织基于共同的技术创新目标而建立起来的一种组织形式"。①

（2）产学研协同创新合作网络的基本要素。产学研协同创新合作网络包括三个基本要素：网络的主体、网络的活动、网络的资源。

1）产学研协同创新合作网络的主体包括企业、大学、科研机构、政府、中介等。其中，企业在产学研协同创新合作网络中居于主导地位，是创新需求的提出者，科研成果的转化者和研发活动的投入者、参与者等。高校和科研机构是创新合作网络中创新成果的研发者，起到支撑的作用。政府则是创新合作网络的推动者，通过制定各种政策法规推动创新活动的开展，为各创新主体之间的合作起到引领的作用。而金融机构则是产学研协同创新的资金支持者。

2）产学研协同创新合作网络的活动，通过各个创新主体之间的各种活动产生新创意、研发新技术、开发新产品等。

---

① 尹博. 大企业主导型产业创新网络绩效研究［D］. 沈阳：辽宁大学博士学位论文，2012.

3）产学研协同创新合作网络的资源，是创新活动的基础，包括技术资源、人力资源、资金等。

三者相互联系、相互制约，共同形成了产学研协同创新的网络体系。

在创新合作的网络中，各主体以创新为目的，通过合作，各个创新主体之间的网络化联系降低了主体进行资源获取的成本，提升了网络整体的创新能力，加快了创新的效率。

7.1.3　搭建产学研协同创新合作服务平台

产学研协同创新合作服务平台是推动产学研协同创新的重要途径。传统的封闭式创新因无法集成各领域的成果和技术而导致了创新效率低下等问题的出现，而在开放式创新过程中，可以通过搭建公共服务平台，解决创新合作中的信息不对称、资源无法共享等问题，促进创新要素的合理流动，使创新合作网络中的利益相关者共享科技成果和技术资源，可以有效提高社会的创新效率和创新能力，积极推动协同创新。

政府应该充分发挥其服务职能，整合资源，搭建更多的产学研协同创新合作平台，提供协同创新网络的整体运行效率。

7.2　加强大企业的主导作用，构建大小企业创新网络

大企业由于自身所具有的资源禀赋以及巨大的市场空间和经营规模，使其成为一国经济发展的标志，大企业的发展成为一个国家综合实力及竞争力的表现，同时也使其在技术创新中拥有了中小企业所无法相比的优势地位。熊彼特指出，"大企业是技术进步最有力的发动机"；而钱德勒也认为，"从19世纪末资本密集型产业中的大型企业出现以来，大企业就一直系统地体现了最新的科学技术进步，并将这些科学技术成果转化为市场产品"。在世界经济发展过程中，先进的技术一般都源于大企业，大企业通过技术创新、技术扩散、技术外溢，带动了一国产业的整体提升与发展。美国著名社会科学家丹尼尔·贝尔指

出，"新的技术领域在战后被不断突破，大公司在这方面起了带头作用"。① 在现代产业技术创新中，大企业往往承担着重大的技术研发活动，特别是在资本和技术密集型产业中，几乎所有重大技术创新都源于大企业。② 日本全国 86% 的科研及设计工作都是由大企业来承担的。韩国企业所投资的研发经费中 90% 来源大企业。美国应用研发费用的 90% 来源于企业，而大企业的支出占了 3/4。③ OECD 范围内全部工业 2/3 的研发任务由雇员超过 1 万人的大企业完成。④除此以外，还有英国、德国等技术创新能力较强的国家，都将大企业作为国家创新驱动战略实施的主要力量，在重视大企业技术创新的同时，也通过政策、资金等方式鼓励中小企业的技术创新活动，形成了以大企业为主导、大小企业相互呼应的创新网络，从而推动全面推进创新战略的实施，促进经济的发展。

7.2.1 以大企业为中心的创新网络结构

（1）以大企业为中心的创新网络的形成。随着科学技术的迅猛发展，创新的周期缩短，需求的个性化增强，产品更新换代的频率增加，任何企业都无法拥有自身技术创新所需要的全部人才、知识和技术等创新资源，也无法单凭自己的力量获取创新所需要的全部创新源，因此无论是大企业还是中小企业都需要一个开放式的创新环境，需要同外部其他创新主体进行合作，整合内外部的创新资源，实现网络内信息共享、资源共享，从而加快技术创新的速度，迅速实现创新成果的商业化。

由于大企业自身在技术、成本、品牌和资源等方面所拥有的优势，汇聚了创新网络中众多的小企业，形成了相互促进、相互发展的合作关系，并在发展中成为网络中的主体，对创新活动具有导向作用，并能促进创新网络成员之间的交流和合作。

（2）以大企业为中心的创新网络结构。依据大企业与外围企业在创新中所起的作用的强弱，创新网络结构可以有以下几种类型：

---

① 刘国岩. 我国创新型大企业的构建及其模式研究 [D]. 哈尔滨：哈尔滨工程大学博士学位论文，2008：18-22.

②④　林聃. 大企业自主创新能力的测度模型研究 [D]. 北京：中国航天第二研究院博士学位论文，2008：40-43.

③　荣飞. 大企业技术创新与区域产业发展理论及实证研究 [D]. 天津：河北工业大学博士学位论文，2007.

1）强强联合型创新网络。这种类型的创新网络是指居于中心的大企业和居于外围的小企业都具有很强的创新能力，对创新方向都具有主导作用。例如，大企业可以同其竞争（合作）的小企业相互合作，形成横向型的创新模式，通过资源或优势互补，实现对高科技、前沿性的关键技术的研发和改进，从而进一步影响创新网络的创新活动。

2）强弱联合型创新网络。一般纵向型的技术创新模式采用这种创新网络的比较多。即居于创新网络中心的大企业具有较强的创新能力，是网络关系的协调者，外围的小企业是大企业的追随者，跟随着大企业的创新方向进行各项创新活动。例如，日本丰田的创新网络，众多与丰田合作的小企业跟随着丰田的创新方向和创新需求，不断调整自身的创新活动。

3）弱强联合型创新网络。在这种创新网络中，大企业虽然居于创新网络的主导位置，起着协调作用，但与其合作的小企业具有较强的创新能力，对创新活动起着主导作用。混合型创新模式中的大小企业合作大多数属于这种创新网络。当大企业的业务领域比较宽广时，因其不可能同时拥有多领域的创新优势，这时就可以和具有相关领域创新优势的小企业合作，提高大企业在不同领域的创新能力，实现大企业的可持续发展，同时小企业也可以借助大企业的资金、品牌和市场等各方面优势，快速实现创新成果的商业化。

4）弱弱联合型创新网络。在这种创新网络中，大企业依旧起着主导作用，居于中心地位的大企业和与其合作的小企业，二者在各自的领域里，创新能力都不是很强，但二者通过在技术领域的优势互补，提高创新网络的综合创新能力，一般创新网络会选择横向型技术创新模式和混合型技术创新模式，以达到弱弱联合，形成强创新网络的效果。

7.2.2 以大企业为中心的创新网络的运行机制①

大企业通过其辐射力直接或间接影响创新网络中小企业的吸收能力、合作关系及知识转移，促进创新网络内部的知识溢出。

（1）资源整合机制。在以大企业为中心的创新网络中，由于资源的有限性，单独的企业很难拥有创新所需要的全部资源，而创新网络中的大小企业具有一致的创新目标，可以共享网络成员之间的信息、资源，实现资源的共享和

---

① 蓄力，杨晨露. 产学研协同创新的模式及其运行机制［J］. 科技广场，2012（12）：210-214.

优势互补，发挥资源的最大效用，促使资源的合理流动和有效整合，提高创新的效率。

（2）技术共享机制。在创新网络运行中，通过知识和技术成果在网络中的合理流动和扩散，创新主体之间可以实现技术的共享，分享技术的成果，通过技术共享机制形成合力，对关键共性技术进行攻关，从而掌握新技术的制高点，引领新技术的发展，提升创新网络的整体创新能力。

（3）风险预警机制。技术创新是一项高投入、高风险的活动，在以大企业为中心的创新网络中，由于参与主体的多元化，一方面可以借力降低创新中的风险，另一方面通过创新成员的集思广益可以回避或降低创新风险的发生，同时创新成员通过风险分担等方式降低创新失败带来的损失。

（4）利益分配机制。在创新网络中，各创新成员既是创新活动的参与者，也是风险承担者，更是创新成果的分享者。当创新成果实现商业化后，依据一定的分配机制，共享创新利益。

7.2.3　以大企业为中心，大小企业创新网络的实现途径

在以大企业为中心的创新网络中，大企业不仅在创新活动中具有优势地位，起着主导作用，同时大企业还通过其自身具有的辐射力，吸引更多大小企业加入到创新网络中来，使中小企业成为创新技术的使用者和受益者，同时也成为创新技术的创造者和供应者，共同提升创新网络的创新能力和竞争力。

7.3　利用信息网络技术，构建虚拟技术联盟

随着信息网络技术的发展，企业技术创新的方式也发生新的变化，企业可以通过构建虚拟技术创新联盟，开展相应的技术创新活动。

所谓虚拟技术创新联盟是创新主体之间创新资源再配置的一种制度安排，以信息技术为基础、互联网为平台，大企业与其他利益相关者联合起来形成临

时创新网络，通过技术互补、风险共担等方式进行技术创新活动的虚拟组织。[①]
虚拟技术创新联盟是一个动态的、无明确边界的虚拟联合体。其对创新环境具
有较强的适应力和抗风险能力，有利于提升联盟的技术创新能力。

7.3.1 虚拟技术创新联盟的特点

（1）技术创新网络的虚拟性。虚拟技术创新联盟是一个虚拟的组织结构，
组织中的成员关系是动态变化的，联盟成员之间的关系随着项目的变化而变化，
可能因一个创新项目的开展而组建起来，也可能因一个创新项目的结束而解散。

（2）虚拟技术创新联盟组织的柔性化。所谓柔性是指组织结构对创新环境
变化的灵活性和可变性。虚拟的技术创新联盟是一种松散的创新形式，在应对
创新环境过程中具有较强的弹性和灵活性，从而降低创新过程中的风险。

（3）虚拟技术创新联盟结构的扁平性。虚拟技术创新联盟突破了传统创新
组织之间的边界，实现了全球范围内的创新资源的共享，从而可以降低信息的
失真率，提升信息的传递速度，有利于提高技术创新效率。

（4）虚拟技术创新联盟生命的周期性。所谓虚拟就是说技术创新联盟不是
实实在在存在的，其因技术创新的需求而产生，随技术创新需求的实现而解散
或消失，具有一定的周期性。

7.3.2 虚拟技术创新联盟运行的要素

（1）技术创新主体。虚拟技术创新联盟是一个多主体参与的创新网络，包
括企业、高校、科研机构、政府和中介组织等，企业依然是创新活动的主导力
量，对创新活动起导向作用。

（2）技术创新网络。参与虚拟技术创新联盟中的创新主体之间的相互连接
需要一个系统的技术创新网络的支持，在联盟内各个成员通过创新网络，共享
资源、相互配合，促进信息、技术和知识在联盟内的有效流动，从而建立合作
关系，实现联合创新。

（3）技术创新资源。虚拟技术创新联盟运行时，创新主体通过技术创新网

---

① 张康妮，潘郁. 基于无标度模型的虚拟技术创新联盟构建研究 [J]. 科技管理研究，2012（3）:
182-185.

络，对各自创新资源共享、合作、开发的过程，这些创新资源既包括人力资源、资金资源、创新设备，也包括各自拥有的知识、技术和信息，如果这些创新资源无法在网络内合理流动、共享与整合，就失去了技术创新联盟的意义。

7.3.3 虚拟技术创新联盟的运行机制

虚拟技术创新联盟是一个多主体的、动态的、虚拟的组织，其创新合作过程需要建立完善的运行机制作为保障。

（1）协调机制。虚拟技术创新联盟是一个多主体的组合体，由于存在地域差、观念差、目标差、能力差等问题，需要有一个良好的协调机制，协调各主体之间的合作，实现创新活动的高效进行。

（2）监督检查机制。虚拟技术创新联盟是一种松散的合作组织，以市场利益为驱动，存在着创新主体之间信息不对称、组织结构变动性强等问题，因此需要通过建立相应的监督检查机制，降低创新联盟的运行风险，增强联盟创新主体之间的信任度，确保技术创新的顺利进行。

（3）利益分享机制。在虚拟技术创新联盟中，各个创新主体既要共同承担创新的风险，同时也要分享创新所带来的成果。

附　录

附表 1　开放度三个维度及开放度综合水平

创新模式	企业	开放参与度	开放联结度	开放平稳度	开放度
	1	0.22242	−0.82439	−0.73214	0.09
	2	0.25879	−2.22063	−0.71043	0.78
	3	0.85150	0.45032	0.85138	0.74
	4	−0.95844	0.68003	0.88698	0.27
	5	0.16835	−0.88574	0.35954	0.20
	6	−0.00877	−0.59752	−0.58434	0.77
	7	−0.77974	−0.32681	−0.47510	−1.06
	8	−0.00877	−0.59752	−0.58434	−1.12
横向型技术创新模式	9	−0.00877	−0.59752	−0.58434	0.50
	10	0.88220	0.28249	0.87400	−0.32
	11	1.22910	1.77920	−0.40090	−1.08
	12	0.78325	0.92269	−0.73249	0.76
	13	1.07522	0.51926	−0.13581	0.02
	14	0.18267	0.35787	0.71181	−0.43
	15	0.74529	1.21094	1.88089	0.04
	16	1.25234	0.23105	0.80807	0.52
	17	1.07041	0.08371	1.44007	−0.12
	18	1.42417	0.40231	−0.19442	0.83
	19	−0.51363	0.54604	−0.61851	0.31
	20	−0.67542	−0.52630	−1.83090	−0.34

创新模式	企业	开放参与度	开放联结度	开放平稳度	开放度
横向型技术创新模式	21	−0.06573	−0.21111	0.92937	0.05
	22	−0.51363	0.54604	−0.61851	0.06
	23	0.85150	0.45032	0.85138	−0.30
	24	1.47387	0.13632	0.92787	0.53
	25	0.69822	1.74881	0.28971	0.48
	26	1.60392	0.38598	0.28057	1.31
	27	0.89329	0.37192	0.49619	0.89
	28	0.94036	−0.16595	2.08737	1.03
	29	0.38096	1.81129	−0.37736	−0.76
纵向型技术创新模式	30	1.90275	2.30720	−1.83721	−0.79
	31	−1.34171	2.25570	0.11444	0.61
	32	0.93464	0.18532	−0.49710	0.21
	33	0.02516	0.38883	0.16837	0.11
	34	0.72892	1.58098	0.31234	0.41
	35	−1.42315	−1.80374	−0.51269	−0.02
	36	−1.04555	−0.47486	−1.76497	−0.47
	37	1.10124	1.69321	−0.86058	−1.01
	38	−1.41465	0.56709	0.13804	−0.56
	39	−0.15300	−0.31346	−2.61258	0.07
	40	1.29413	0.15265	0.45288	−0.35
	41	−0.82839	0.92969	0.23968	−0.22
	42	−0.44393	1.08047	−1.37219	0.97
	43	−0.76337	−0.69686	1.09346	0.47
	44	1.02612	−0.15907	0.27000	−0.80
	45	−0.54228	−0.89979	0.57516	1.04
	46	0.45082	−0.38294	1.78469	0.22

创新模式	企业	开放参与度	开放联结度	开放平稳度	开放度
	47	0.49948	−1.63944	1.06991	0.01
	48	−0.85412	0.48053	−0.46882	−0.59
	49	−0.70770	0.36014	0.45244	0.81
	50	−1.26355	2.60768	−0.54817	0.17
	51	0.46674	−0.89934	−2.06720	0.61
	52	−0.36358	−1.90663	−0.78692	−0.27
	53	1.42417	0.40231	−0.19442	−1.01
	54	1.84296	−0.90563	−0.97513	0.32
	55	−0.27149	−1.36872	1.17915	−0.27
	56	0.80459	−0.06434	0.15020	0.81
	57	−0.18528	0.57298	−0.32925	1.01
混合型	58	−1.28460	0.81675	−0.50927	−0.18
技术	59	−0.67542	−0.52630	−1.83090	−0.64
创新	60	−1.68265	0.25537	−0.04484	−0.22
模式	61	2.02489	−0.75829	−1.60713	−0.46
	62	−0.89854	−1.53957	0.68439	−0.80
	63	−0.47084	−1.09514	0.30372	0.33
	64	0.32078	−0.63260	2.43200	0.43
	65	1.45282	1.84814	−1.38809	0.01
	66	−1.86518	1.05236	−0.94095	−1.01
	67	1.12229	−0.01861	1.45537	−0.04
	68	−1.86208	0.42921	2.11241	−0.58
	69	−0.73735	0.47709	0.36868	−0.09
	70	−1.39609	0.36072	0.59961	−0.46
	71	−0.44642	−0.91684	−0.87171	−0.80
	72	−1.09361	−0.16268	0.47792	−0.06
	73	0.36839	−2.87960	−0.11986	0.19

创新模式	企业	开放参与度	开放联结度	开放平稳度	开放度
混合型技术创新模式	74	−1.86518	1.05236	−0.94095	−0.10
	75	−1.34902	−0.17716	2.19079	0.81
	76	−1.09112	0.15849	2.00317	−0.29
	77	−0.73735	0.47709	0.36868	−0.64
	78	−0.67542	−0.52630	−1.83090	−0.10
	79	−1.43788	0.43911	0.95480	−0.08
	80	−1.16933	−1.07064	0.08040	−0.52
	81	0.14790	−0.11824	−0.42831	−0.80
	82	0.36839	−2.87960	−0.11986	0.45

附表 2　创新协同能力各因子及创新协同能力综合水平

创新模式	企业	资源整合	信息整合	能力整合	创新协同能力
横向型技术创新模式	1	0.80923	−0.67103	−0.53300	−0.04
	2	0.39435	0.23324	0.22948	0.30
	3	0.82550	0.65661	0.58673	0.71
	4	0.06569	0.11362	−0.07956	0.06
	5	0.89072	−0.60376	−1.69031	−0.20
	6	0.40811	−1.05653	0.90587	−0.09
	7	−0.13097	−0.45436	−1.84522	−0.58
	8	−1.44744	−0.86361	−1.81832	−1.28
	9	−1.31445	1.17341	0.59285	0.05
	10	0.55064	−0.67379	0.44375	0.04
	11	−2.36528	−1.12880	−1.31083	−1.66
	12	0.55366	−0.06131	−0.94090	0.02
	13	1.16470	−0.88763	−1.83840	−0.23
	14	−0.35200	−0.39624	0.14805	−0.28

创新模式	企业	资源整合	信息整合	能力整合	创新协同能力
横向型技术创新模式	15	0.98711	-1.74876	0.23948	-0.26
	16	-0.01995	1.65571	0.62159	0.78
	17	0.84474	-1.30884	0.21437	-0.15
	18	1.74942	-0.88771	0.77921	0.50
	19	0.70936	0.24211	-0.68245	0.26
	20	0.04190	1.06232	0.15022	0.47
	21	0.79086	0.30938	-1.83976	0.10
	22	0.84678	-0.61015	0.48351	0.19
	23	-0.31301	-0.80219	-0.88493	-0.62
	24	-1.01897	1.34961	-1.27772	-0.11
	25	0.21598	0.38532	1.71543	0.57
	26	0.94241	1.78655	2.12165	1.50
	27	0.09910	1.78387	0.48079	0.85
	28	1.59662	0.25118	-1.21541	0.52
	29	-1.80427	-0.15200	-0.73448	-0.93
纵向型技术创新模式	30	-0.38955	-0.45712	-0.86846	-0.51
	31	0.39144	0.51959	1.63946	0.68
	32	-1.10000	0.90171	-0.51610	-0.18
	33	0.70441	-0.17023	0.45840	0.30
	34	0.33057	1.02678	0.45704	0.64
	35	1.35885	-0.63771	0.05382	0.31
	36	-0.35200	-0.39624	0.14805	-0.28
	37	-1.98136	-0.08749	-0.91503	-1.01
	38	-0.39169	0.54466	0.80725	0.21
	39	-1.25214	0.19938	-0.27422	-0.48
	40	0.08276	-3.37853	0.92352	-1.16

创新模式	企业	资源整合	信息整合	能力整合	创新协同能力
纵向型技术创新模式	41	0.80923	−0.67103	−0.53300	−0.04
	42	1.23816	1.16157	−0.38810	0.90
	43	−1.58428	−0.15210	1.19710	−0.48
	44	−0.96454	−0.62106	−1.89033	−1.00
	45	1.67668	0.78529	−0.32323	0.94
	46	1.59662	0.25118	−1.21541	0.52
	47	−0.21459	0.48015	0.98781	0.29
	48	−0.33216	−0.53721	−2.45742	−0.81
	49	0.27829	−0.58870	0.84837	0.03
	50	0.27829	−0.58870	0.84837	0.03
混合型技术创新模式	51	−0.21459	0.48015	0.98781	0.29
	52	−0.70252	0.23270	0.31260	−0.13
	53	−1.98136	−0.08749	−0.91503	−1.01
	54	0.68604	0.81018	−0.84836	0.45
	55	−0.70252	0.23270	0.31260	−0.13
	56	0.27829	−0.58870	0.84837	0.03
	57	−0.01581	0.04635	1.07775	0.21
	58	0.07992	0.74257	0.77104	0.48
	59	−1.25214	0.19938	−0.27422	−0.48
	60	0.08276	−3.37853	0.92352	−1.16
	61	−1.58428	−0.15210	1.19710	−0.48
	62	−0.64726	1.15439	0.39936	0.28
	63	1.67668	0.78529	−0.32323	0.94
	64	1.59662	0.25118	−1.21541	0.52
	65	−0.21459	0.48015	0.98781	0.29
	66	−1.98136	−0.08749	−0.91503	−1.01
	67	0.07992	0.74257	0.77104	0.48
	68	0.84678	−0.61015	0.48351	0.19
	69	0.86150	0.94445	−0.92433	0.56

创新模式	企业	资源整合	信息整合	能力整合	创新协同能力
混合型技术创新模式	70	-1.58428	-0.15210	1.19710	-0.48
	71	-0.64726	1.15439	0.39936	0.28
	72	0.94950	1.19711	-0.69491	0.74
	73	0.86944	0.66300	-1.58709	0.32
	74	-0.70252	0.23270	0.31260	-0.13
	75	0.07992	0.74257	0.77104	0.48
	76	0.27829	-0.58870	0.84837	0.03
	77	-1.25214	0.19938	-0.27422	-0.48
	78	0.08276	-3.37853	0.92352	-1.16
	79	0.88433	-0.54927	1.50002	0.42
	80	-1.58428	-0.15210	1.19710	-0.48
	81	-0.64726	1.15439	0.39936	0.28
	82	0.47789	0.99920	-0.65869	0.47

附表3　创新绩效各因子及创新绩效综合水平

创新模式	企业	技术创新投入水平	创新资源整合能力	专利产出效率	新产品产出效率	创新资源获取能力	创新地位巩固能力	非政府环境支持力度	政府环境支持力度	创新绩效
横向型技术创新模式	1	-0.017	-0.625	-0.298	-1.081	-1.221	-1.078	-0.525	-0.919	-0.836
	2	-0.355	0.791	-0.238	0.661	0.781	0.391	0.303	0.407	0.410
	3	0.254	1.651	0.376	1.662	1.377	1.042	0.846	1.033	1.197
	4	-0.176	0.121	-0.378	1.240	0.182	-1.078	-0.642	-0.919	-0.593
	5	0.828	-0.676	-0.283	-0.184	0.116	-1.078	-0.421	-0.919	-0.571
	6	-0.329	0.062	-0.380	1.273	-0.222	1.042	-0.303	0.333	0.128
	7	-0.339	-0.829	-0.382	-1.467	-0.884	-1.078	0.280	-0.919	-0.572
	8	-0.308	-1.747	-0.388	-1.467	-0.884	-1.078	-0.445	-0.919	-0.996
	9	-0.178	0.398	-0.147	1.625	1.075	0.391	-0.418	-0.293	0.026
	10	-0.411	-0.881	-0.389	-2.009	-1.186	-1.078	-0.446	-0.919	-0.937

续表

创新模式	企业	技术创新投入水平	创新资源整合能力	专利产出效率	新产品产出效率	创新资源获取能力	创新地位巩固能力	非政府环境支持力度	政府环境支持力度	创新绩效
	11	-0.064	-0.143	-0.279	-0.573	-1.622	-2.547	-0.087	0.407	-0.628
	12	-0.311	-0.732	-0.310	-0.106	1.452	0.391	0.732	0.407	0.380
	13	-0.242	-0.958	-0.244	-0.503	-0.893	-0.427	-0.681	-0.919	-0.793
	14	-0.323	0.465	-0.284	-0.043	0.107	1.042	0.694	1.733	0.811
	15	-0.342	-1.747	-0.385	-1.397	-1.523	-1.729	-0.681	-0.919	-1.258
	16	-0.230	1.083	-0.295	1.028	0.191	0.224	-0.138	-0.293	0.099
	17	-0.280	-1.258	-0.390	-0.867	-2.221	-1.078	-1.279	-0.919	-1.325
	18	8.128	0.207	4.117	-0.362	0.116	1.042	-0.019	-0.919	1.268
	19	-0.115	2.118	0.479	0.498	0.084	0.391	0.030	0.407	0.508
	20	-0.348	0.404	-0.347	-0.255	-0.515	0.391	0.785	1.033	0.530
	21	-0.323	-0.074	-0.252	0.887	-1.221	0.391	0.504	0.407	0.259
横向型技术创新模式	22	0.482	0.235	0.037	0.591	0.116	-1.078	-0.525	-0.919	-0.462
	23	0.509	0.087	0.246	-0.010	-0.253	-1.078	-0.525	-0.919	-0.518
	24	0.224	1.736	-0.037	1.451	1.714	1.859	0.644	1.033	1.256
	25	-0.197	0.410	-0.214	-0.362	0.412	-1.078	0.101	0.407	-0.063
	26	-0.190	1.267	-0.217	1.099	1.781	1.859	0.836	1.733	1.324
	27	-0.301	0.239	0.274	0.309	0.746	0.391	0.488	1.033	0.550
	28	0.740	0.077	0.294	0.769	1.412	0.391	0.478	-0.219	0.480
	29	-0.150	0.721	-0.282	-0.114	0.075	0.391	-0.604	-0.919	-0.284
	30	-0.392	-0.167	-0.350	-1.397	-1.221	-1.078	-0.517	-0.919	-0.833
	31	0.296	1.147	-0.134	1.803	1.781	0.391	0.014	1.033	0.659
	32	-0.243	-0.372	0.320	0.309	0.746	0.391	-0.224	0.407	0.067
	33	-0.298	0.504	-0.276	1.169	1.714	0.391	0.106	-0.919	0.137
	34	-0.279	0.249	-0.112	1.414	1.452	-1.896	0.162	1.033	0.059
	35	0.016	-0.792	-0.305	-0.043	0.116	-1.078	-0.369	-0.919	-0.650
	36	-0.284	-0.023	-0.254	-0.255	0.746	1.042	0.181	0.407	0.327

创新模式	企业	技术创新投入水平	创新资源整合能力	专利产出效率	新产品产出效率	创新资源获取能力	创新地位巩固能力	非政府环境支持力度	政府环境支持力度	创新绩效
纵向型技术创新模式	37	-0.422	-0.829	-0.386	-0.255	0.116	-1.078	-0.525	-0.919	-0.787
	38	-0.432	-0.585	-0.387	-0.184	-1.564	-0.260	-0.288	0.407	-0.364
	39	0.290	0.021	0.123	0.980	1.714	1.042	-0.122	-0.919	0.187
	40	-0.411	-2.210	-0.386	-3.681	-2.895	-1.078	-0.525	-0.919	-1.351
	41	-0.050	-0.829	-0.365	-0.255	0.116	-1.078	-0.525	-0.919	-0.743
	42	-0.038	0.858	-0.131	-0.043	0.066	-0.427	0.158	-0.919	-0.078
	43	-0.051	1.097	0.331	1.062	0.848	0.391	0.201	1.733	0.755
	44	-0.405	-0.013	-0.236	-0.255	0.142	0.391	-0.179	0.407	0.005
	45	0.322	0.698	0.396	1.592	1.176	1.042	0.079	-0.919	0.385
	46	0.039	0.030	0.096	-0.032	-1.564	0.391	0.478	-0.219	0.145
	47	-0.269	0.030	-0.019	1.099	0.412	1.859	1.077	1.733	1.1
	48	2.462	1.014	7.461	0.954	-1.523	-1.896	-1.294	-2.245	-0.357
	49	0.620	-0.377	0.992	1.013	-0.591	-0.427	0.808	1.733	0.680
	50	0.795	0.027	0.522	1.344	0.520	-0.427	0.808	1.733	0.807
	51	-0.208	0.822	0.309	0.450	1.377	1.859	1.077	1.733	1.341
	52	0.639	0.056	0.485	-0.692	-1.230	1.042	0.181	0.407	0.348
	53	0.214	-0.006	0.489	0.591	-0.893	-1.078	-0.525	-0.919	-0.555
	54	-0.095	0.021	-0.162	0.569	0.772	-0.427	0.158	-0.919	-0.124
	55	-0.205	-0.118	-0.232	0.569	1.452	1.042	0.181	0.407	0.413
	56	-0.001	-0.012	-0.245	0.780	0.787	-0.427	0.808	1.733	0.641
	57	0.050	-0.012	-0.180	0.628	1.115	1.042	0.249	0.333	0.457
	58	-0.370	0.021	-0.291	-0.714	-0.591	-0.260	-0.288	0.407	-0.231
	59	0.002	0.056	0.026	-1.256	0.151	1.042	-0.122	-0.919	-0.067
	60	-0.284	0.030	-0.294	-0.102	0.444	-1.078	-0.525	-0.919	-0.617
	61	-0.239	-0.118	-0.244	-0.114	-0.195	0.391	0.201	1.733	0.393
	62	-0.272	-0.092	-0.283	-0.714	-0.187	0.391	-0.179	0.407	-0.041

创新模式	企业	技术创新投入水平	创新资源整合能力	专利产出效率	新产品产出效率	创新资源获取能力	创新地位巩固能力	非政府环境支持力度	政府环境支持力度	创新绩效
纵向型技术创新模式	63	-0.348	-0.118	-0.321	-0.255	-0.893	1.042	0.079	-0.919	-0.089
	64	-0.310	-0.092	-0.314	-0.644	-0.893	0.391	0.478	-0.219	0.068
	65	-0.394	-0.092	-0.367	-1.397	0.151	1.859	1.077	1.733	0.965
	66	-0.384	-0.118	-0.365	-0.173	0.142	-1.078	-0.525	-0.919	-0.677
	67	-0.341	-0.092	-0.278	0.027	0.746	-0.260	-0.288	0.407	-0.117
	68	-0.207	-0.092	-0.334	-1.045	-0.524	-1.078	-0.525	-0.919	-0.740
	69	-0.263	-0.092	-0.339	-0.503	0.107	-0.427	0.158	-0.919	-0.271
	70	-0.291	0.015	-0.259	-1.115	0.075	0.391	0.201	1.733	0.369
	71	-0.272	0.024	-0.261	-0.655	-0.288	0.391	-0.179	0.407	-0.026
	72	-0.384	-0.154	-0.359	-0.726	-0.262	1.042	0.079	-0.919	-0.085
	73	-0.371	-0.216	-0.363	-0.655	0.746	0.391	0.478	-0.219	0.146
	74	-0.324	-0.065	-0.306	0.780	-0.253	1.042	0.181	0.407	0.303
	75	-0.107	0.024	-0.261	1.592	0.781	-0.260	-0.288	0.407	0.011
	76	-0.235	-0.012	-0.264	0.027	-0.893	-0.427	0.808	1.733	0.465
	77	-0.249	-0.038	-0.311	-0.573	-0.591	1.042	-0.122	-0.919	-0.146
	78	-0.286	-0.092	-0.283	-0.585	0.040	-1.078	-0.525	-0.919	-0.684
	79	-0.324	0.077	-0.222	-1.938	-0.928	-1.078	-0.525	-0.919	-0.795
	80	-0.405	-0.829	-0.384	-0.785	-1.256	0.391	-0.170	0.481	-0.220
	81	-0.394	-0.585	-0.379	0.428	-0.213	0.391	-0.179	0.407	-0.071
	82	-0.243	0.021	0.291	-0.433	-0.195	1.042	0.079	-0.919	0.025

辽宁大企业技术创新情况调查问卷

尊敬的企业负责人：

这是一份学术性问卷，旨在通过此项企业技术创新的问卷调查，了解辽宁大企业技术创新的组织模式与现状，为提升辽宁大企业的技术创新能力提供理论依据。您提供的数据只用于科学研究分析，并且严格保密，绝不用于商业用途，敬请您认真阅读及填写这份问卷。

非常感谢您的支持与帮助！

企业基本信息

企业名称：		成立时间：	
企业性质	□国有或国有控股企业 □外资或外资控股企业 □民营控股企业		
所属行业	□纺织与服装；□医药制造；□石油化工，化学及日化；□化纤，塑料及橡胶制品；□非金属矿物制品；□黑色及有色金属冶炼及压延加工；□金属制品业；□通用设备制造；□专用设备制造；□交通运输设备制造；□电气机械及器材制造；□通信设备、计算机及其他电子设备制造；□仪器仪表及文化、办公用机械制造；□食品、饮料及烟草；□文教体育用品制造；□其他制造行业		

1. 贵企业的基本情况

年份	2008	2009	2010
销售收入（万元）			
年末员工数（人）			
固定资产（万元）			

2. 贵企业创新的合作伙伴类型及数量

请在最符合贵企业实际情况的空格内画"√"					
贵企业最倾向于哪种开放式创新模式：□横向型技术创新模式 □纵向型技术创新模式 □混合型技术创新模式					
	无	1~5 家	6~10 家	11~15 家	16 家以上
供应商					
客户					
竞争企业					
合作企业					
大学/科研机构					
政府					
中介机构					

注：横向型技术创新模式指在产业链相同环节或相同生产阶段与合作方进行技术创新合作的方式；纵向型技术创新模式指与处于同一产业链不同环节、部门之间成员进行技术创新合作的方式；混合型技术创新模式指两种方式兼有。

3. 贵企业与合作伙伴合作创新的方式

请在最符合贵企业实际情况的空格内画"√"			
技术合作	□技术研发　□技术交流	□技术引进　□技术专利	□技术许可　□技术参股
资金合作	□资金拆借	□资金参股	□风险投资　□资金借贷
生产合作	□联合生产	□提供设备	□提供生产技术
市场合作	□开发新市场	□品牌共享	□信息共享　□推荐客户
其他	□管理咨询	□培训员工	□紧缺人才借调

4. 贵企业与创新伙伴之间的关系

请在最符合贵企业实际情况的空格内画"√"					
	完全符合	基本符合	不确定	基本不符合	完全不符合
在合作中投入了大量的资金					
在合作中投入了大量的设备					
在合作中投入了大量的人力					

请在最符合贵企业实际情况的空格内画"√"					
双方之间有明确的利益分配机制					
与创新伙伴之间建立了长期合作关系					
与创新伙伴之间的交流频繁					

5. 贵企业创新网络协同状况

请在最符合贵企业实际情况的空格内画"√"					
	完全符合	基本符合	不确定	基本不符合	完全不符合
能够及时获取外部研发技术					
能及时获取新产品开发解决方案					
能够共享外部企业品牌资源					
能够及时获得技术发展趋势信息					
能够及时获得市场需求信息					
能提升新产品开发风险抵御能力					
能够提升市场开发能力					

6. 贵企业的技术创新投入能力

年份	2008	2009	2010
研发经费（万元）			
核心技术人员（人）			
技术创新设备投入（万元）			

7. 贵企业的创新资源整合能力

请在最符合贵企业实际情况的空格内画"√"					
技术研发人员的研发能力	□强	□较强	□一般	□较弱	□弱
从外部获取所需新技术的能力	□强	□较强	□一般	□较弱	□弱
对所获取技术的吸收和转化能力	□强	□较强	□一般	□较弱	□弱
贵企业依靠自主研发的程度	□强	□较强	□一般	□较弱	□弱
贵企业依靠合作创新的程度	□强	□较强	□一般	□较弱	□弱
贵企业依靠技术购买的程度	□强	□较强	□一般	□较弱	□弱
贵企业依靠技术购买的程度	□强	□较强	□一般	□较弱	□弱

8. 贵企业的技术创新产出效率

请填写贵企业 2008~2010 年相关信息			
年份	2008	2009	2010
申请专利数（项）			
拥有发明专利数（项）			
市级以上的研究成果（项）			
新产品的产值（万元）			
新产品的销售额（万元）			
新产品市场占有率（%）			

9. 贵企业的创新环境支持力度

请在最符合贵企业实际情况的空格内画"√"					
	强	较强	一般	较弱	弱
所在区域经济发展对创新的影响					
区域合作对创新的影响					
所处市场的稳定程度					
对金融机构的依赖程度					
与风险投资机构的合作强度					
所在地风险资本数量的满足程度					
可以承受的创新风险程度					
与政府部门的联系程度					
政府部门的政策支持力度					

10. 贵企业的技术创新开拓力度

请在最符合贵企业实际情况的空格内画"√"	
拥有该行业的核心技术	□完全符合　□基本符合　□不确定　□基本不符合　□完全不符合
核心技术的可获性较强	□完全符合　□基本符合　□不确定　□基本不符合　□完全不符合
拥有独特的生产工艺或技术	□完全符合　□基本符合　□不确定　□基本不符合　□完全不符合
创新资源的可获性较强	□完全符合　□基本符合　□不确定　□基本不符合　□完全不符合

请在最符合贵企业实际情况的空格内画"√"					
核心技术在国内同行业中的地位	□先进	□较先进	□一般	□较落后	□落后
核心技术在国外同行业中的地位	□先进	□较先进	□一般	□较落后	□落后

联系人：＿＿＿＿＿＿；电话：＿＿＿＿＿＿＿＿；传真：＿＿＿＿＿＿＿＿；

电子邮箱：＿＿＿＿＿＿＿＿＿；通信地址：＿＿＿＿＿＿＿＿＿＿＿。

——衷心感谢您的支持与合作！——

参考文献

［1］Christopher M. McDermott, Gina Colarelli O'Connor. Managing Radical Innovation: An Overview of Emergent Strategy Issues ［J］. Original Research ArticleJournal of Product Innovation Management, 2002, 19（6）.

［2］Cooper R. G. The Strategy-Performance Link in Product Innovation, ［J］. R&D Management , 1984（14）: 247-259.

［3］Daniel Shefer , Amnon Frenkel. Is Firm Size Conducive to R&D Choice? A Strategic Analysis of Product and Process Innovations ［J］. Technovation, 2005, 25（1）: 25-32.

［4］Elena Huergo. Role of Technological Management as a Source of Innovation: Evidence from Spanish Manufacturing Firms ［J］. Research Policy, 2006, 35（9）: 1377-1388.

［5］Frieder Meyer-Krahmera, and Guido Reger. New Perspectives on the Innovation Strategies of Multinational Enterprises: lessons for Technology Policy in Europe ［J］. Research Policy, 1999, 28（7）: 751-776.

［6］Grant R. Toward a Knowlege-Based Theory of the Firm ［J］. Strategic Management Journal, 1996（12）: 109-122.

［7］Hans Lööf , Anders Broström. Does Knowledge Diffusion between University and Industry Increase Innovativeness? ［J］. The Journal of Technology Transfer, 2008, 33（1）: 73-90.

［8］Jian Cheng Guana, Chiu Kam Mokb , Richard C. M. Yamb, K. S. Chinb, and Kit Fai Punc. Technology Transfer and Innovation Performance: Evidence from Chinese Firms ［J］. Technological Forecasting and Social Change, 2006, 73（6）: 666-678.

［9］Knudsen M. P. , Mortensen T. B. Some Immediate but Negative Effect of Openness on Product Development Performance ［J］. Technovation, 2011（31）:

54-64.

［10］Laursen K., Salter A. Open for Innovation：The Role of Openness in Explaining Innovation Performance among UK Manufacturing Firms［J］. Strategic Management Journal, 2006（27）.

［11］Nabil Amara, Réjean Landry. Sources of Information as Determinants of Novelty of Innovation in Manufacturing Firms：Evidence from the 1999 Statistics Canada Innovation Survey［J］. Technovation, 2005, 25（3）：245-259.

［12］Philip E. Auerswald and Lewis M. E. Branscomb. Reflections on Mansfield, Technological Complexity, and the "Golden Age" of U. S. Corporate R&D［J］. The Journal of Technology Transfer, 2004, 30（1-2）：139-157.

［13］Richard C. M. Yama, Jian Cheng Guan B, Kit Fai Punc and Esther P. Y. Tang. An Audit of Technological Innovation Capabilities in Chinese Firms：Some Empirical Findings in Beijing［J］. China Research Policy, 2004, 33（8）：1123-1140.

［14］Richard W. Firth, V. K. Narayanan . New Product Strategies of Large, Dominant Product Manufacturing Firms：An Exploratory Analysis Original Research Article［J］. Journal of Product Innovation Management, 1996, 13（4）：334-347.

［15］Roy Rothwell, Leader. External Networking and Innovation in Small and Medium-sized Manufacturing Firms in Europe［J］. Technovation, 199 1, 11（2）：93-112.

［16］Ryuhei Wakasugi, Fumihiko Koyata. R&D, Firm Size and Innovation Outputs：Are Japanese Firms Efficient in Product Development？ ［J］. Journal of Product Innovation Management. 1997, 14（5）：383-392.

［17］Suk Bong Choia, Soo Hee Leeb, Christopher Williamsc – Ownership and Firm Innovation in a Transition Economy：Evidence from China［J］. Research Policy, 2011, 40（3）：441-452.

［18］Soderquist K. E. , Godener A. Performance Measurement in R&D and New Product Development：Setting the Scene［J］. International Journal of Business Performance Management , 2004, 6（2）：107-132.

［19］Teece D. Firm Organization, Industrial Structure and Technological Innovation［J］. Journal of Economic Behavior and Organization, 1996（2）：193-224.

［20］Tufan Koc, Cemil Ceylan. Factors Impacting the Innovative Capacity in Large-scale Companies［J］. Technovation, 2007, 27（3）：105-114.

［21］Zoltan J. Acs，David B. Audretsch. Innovation and Firm Size in Anufacturing［J］. Technovation，1988，7（3）：197-210.

［22］［美］彼得·德鲁克. 创新与企业家精神［M］. 北京：机械出版社，2010.

［23］［美］马克·斯特菲克，巴巴拉·斯特菲克. 创新突围［M］. 吴金希等译. 北京：知识产权出版社，2008.

［24］［美］迈克尔·波特. 国家竞争优势［M］. 北京：华夏出版社，2002.

［25］［美］约瑟夫·熊彼特·经济发展理论——对于利润、资本、信贷、利息和经济周期的考察［M］. 北京：商务印书馆，1991.

［26］［美］约瑟夫·E. 斯蒂格利茨，沙希德·尤素福. 东亚奇迹的反思［M］. 北京：中国人民大学出版社，2003.

［27］［日］加藤弘之. 日本经济新论［M］. 北京：中国市场出版社，2008.

［28］［日］野中郁次郎，胜见明. 创新的本质［M］. 林忠鹏，谢群译. 北京：知识产权出版社，2006.

［29］［日］野中郁次郎，竹内弘高. 创造知识的企业：日美企业持续创新的动力［M］. 北京：知识产权出版社，2006.

［30］［瑞典］西格法德·哈里森. 日本的技术与创新管理［M］. 华宏慈，李鼎新，华宏勋译. 北京：北京大学出版社，2004.

［31］［意］乔瓦尼·多西，［美］大卫·J. 蒂斯，［美］约瑟夫·查特里. 技术、组织与竞争力［M］. 童牧，何奕译. 上海：上海人民出版社，2007.

［32］［印］德尔米特·吉尔，霍米·卡拉斯. 东亚复兴——关于经济增长的观点［M］. 北京：中心出版社，2008.

［33］［英］马克·桑德斯，菲利普·刘易斯，阿德里安·桑希尔. 研究方法教程［M］. 北京：中国商务出版社，2004.

［34］D. 休斯·惠特克，罗伯特·E. 科尔. 成功的引擎——日本的创新与技术管理［M］. 刘骥，郭丽岩，王彦敏译. 北京：北京大学出版社，2008.

［35］曹岸，杨德林，张庆峰. 技术属性和合作企业耦合性对技术导入绩效的影响［J］. 中国科技论坛，2003（7）：99-103.

［36］曹素璋，高阳，张红宇. 企业技术能力与技术创新模式选择：一个梯度演化模型［J］. 科技进步与对策，2009（1）.

［37］曹勇，李杨. 企业创新开放度的多维性与关联性研究综述［J］. 情报杂志，2011（12）.

［38］草山．创新技术创新［J］．沿海企业与科技，2002．

［39］常林朝．中小企业技术创新研究（一）［J］．中国软科学，2002．

［40］陈芳柳，陈莉平．国内外产学研合作的比较研究及其启示［J］．沿海企业与科技，2007（2）．

［41］陈培樗，屠梅曾．产学研技术联盟合作创新机制研究［J］．科技进步与对策，2007（6）．

［42］崔远淼．基于企业边界视角的技术创新模式选择研究［D］．上海：复旦大学博士学位论文，2005．

［43］崔远淼．我国企业技术创新模式选择的现状、问题及对策［J］．科技进步与对策，2008（8）．

［44］戴开勋．中国大企业成长机理研究［J］．广东财经职业技术学院学报，2008（6）．

［45］戴庆华．江苏大中型工业企业技术创新现状的实证分析［J］．生产力研究，2007（20）．

［46］戴淑芬，李桂林．构建国有大中型企业技术创新机制的思考［J］．科技与经济，2006（5）．

［47］单航英．企业利益相关者与技术创新绩效关系影响［D］．杭州：浙江工商大学硕士学位论文，2008．

［48］丁堃．开放式自主创新系统理论及其应用［M］．北京：科学出版社，2010．

［49］冯海红，王胜光．产业技术联盟支持政策的国际经验与启示［J］．工业技术经济，2008（5）．

［50］高建，汪剑飞，魏平．企业技术创新绩效指标：现状、问题和新概念模型［J］．科研管理（增刊），2004．

［51］高良谋，李宇．技术创新与企业规模关系的形成与转化［J］．中国软科学，2008（12）．

［52］高鹏．论现代企业技术创新组织模式的虚拟化特征［J］．自然辩证法，2007（4）．

［53］高鹏．中小企业技术创新组织模式优化选择［J］．技术与创新管理，2008（5）．

［54］葛秋萍．经济收益驱力下开放式创新模式的实施条件选择［J］．自然辩证法研究，2010（2）．

［55］龚昌微．湖南省企业重组与大企业战略［D］．长沙：湖南师范大学硕士学位论文，2007．

［56］关韶峰，田新民，和康力．产业共性技术组织与开发的实施方案研究［J］．科技进步与对策，2006．

［57］郭红卫．基于经济增长视角下的中国自主创新模式研究［D］．沈阳：辽宁大学博士学位论文，2009．

［58］郭熙保．发展经济学经典论著选［M］．北京：中国经济出版社，1998．

［59］国家发展改革委外事司．欧盟的大企业政策及启示［J］．中国经贸导刊，2006（24）．

［60］国家统计局，科技部．2010年中国科技统计年鉴［M］．北京：中国统计出版社，2010．

［61］H．哈肯．协同学：大自然构成的奥秘［M］．凌复华译．上海：上海世纪出版集团，2005．

［62］韩建立，胡凤培．企业技术创新组织支持因素及其作用机制分析［J］．人类工效学，2003（3）．

［63］韩永进．技术发展模型和模式演化研究［D］．天津：天津大学博士学位论文，2007．

［64］郝瑾．企业核心竞争力评价指标体系的研究——基于新疆上市公司的经验证据［D］．乌鲁木齐：新疆财经大学硕士学位论文，2005．

［65］何强，郭庆方．社会生产技术组织方式历史规律分析及我国经济发展［J］．焦作大学学报，2005（4）．

［66］何文成，黄健柏．中国大企业国际化进程的反思与突破［M］．北京：科学学与科学技术管理，2007．

［67］何郁冰，陈劲．开放式创新促进创新绩效的学习机制［C］．北京：中国科学学与科技政策研究会，2010．

［68］贺守海．大企业崛起的金融支持［D］．厦门：厦门大学博士学位论文，2009．

［69］黄鲁成．基于生态学的技术创新行为研究［M］．北京：科学出版社，2007．

［70］黄泰岩，金铁鹰．大企业主导下的中小企业成长［J］．经济经纬，2008（4）．

［71］黄武明. 甘肃省大企业（集团）竞争力研究［J］. 发展，2004（2）.

［72］黄向群，梁巧转. 大企业技术创新模式再造［J］. 科学管理研究，2001.

［73］晋胜国. 创新资源论［J］. 安徽商贸职业技术学院学报，2004（3）.

［74］雷辉. 企业技术创新的组织模式选择及有效性评价研究［D］. 西安：西安电子科技大学硕士学位论文，2005.

［75］李柏洲，苏屹. 大型企业原始创新系统动力学模型的构建研究［J］. 科学学与科学技术管理，2009（12）.

［76］李昌龙. 大企业竞争力成长的三维度分析［J］. 理论建设，2006（5）.

［77］李春花. 韩国主导产业的技术创新模式研究［D］. 沈阳：东北大学博士学位论文，2009.

［78］李明惠，雷良海，孙爱香. 大企业集群核心技术自主创新的动力机制实证研究［J］. 科技进步与对策，2010（2）.

［79］李鑫，张志波. 大企业自主创新的山东模式：特征、比较与对策［J］. 东岳论丛，2010（9）.

［80］李志刚，伍竞艳，桑丽萍. 企业核心竞争力构成要素分析［J］. 企业活力，2003（4）.

［81］连燕华，郑奕荣，于浩等. 大型企业集团技术创新体系组织结构分析［J］. 科学学研究，2007（4）.

［82］林子华，黄茂兴，李军军. 企业合作竞争力探析［J］. 当代经济研究，2008（3）.

［83］刘爱东，冯琪. 企业技术创新模式的理论演变及其在我国企业的应用［J］. 株洲工学院学报，2002（2）.

［84］刘国岩，池仁勇. 我国工业企业技术创新的模式选择研究［J］. 科技管理研究，2010（1）.

［85］刘国岩，吴冲，卜国庆. 基于 DEA 的创新型大企业创新效率的评价研究［J］. 现代管理科学，2009（6）.

［86］刘国岩. 我国创新型大企业的构建及创新模式研究［D］. 哈尔滨：哈尔滨工程大学博士学位论文，2008.

［87］刘鹤，朱仁宏. 企业技术创新模式的国际比较分析［J］. 商业经济，2006（9）.

［88］刘开，刘媛媛，吕强．基于技术创新的企业组织形式分析［J］．技术与创新管理，2009（4）．

［89］刘平．企业竞争力的影响因素与决定因素［J］．科学学与科学技术管理，2007（5）．

［90］刘亚非．辽宁与广西大型工业企业技术进步与区域发展比较研究［D］．南宁：广西大学硕士学位论文，2003．

［91］刘展，陈宏民．我国企业优化技术创新模式策略研究［J］．管理工程学报，2009（3）．

［92］卢海东，连燕华，于浩．论大型企业技术创新的组织模式［J］．科技进步与对策，2007（2）．

［93］陆绍奎，胡今．辽宁与东部沿海六省市的大企业集团对比分析［J］．党政干部学刊，2007（12）．

［94］吕铁．中国工业技术创新及韩国经验借鉴［J］．中共中央党校学报，2007（6）．

［95］罗利元，高亮华，刘晓星．技术创新与经济增长［M］．太原：山西教育出版社，2008．

［96］马家喜，仲伟俊，梅姝娥．企业技术创新组织模式选择范式研究［J］．科学学与科学技术管理，2008（5）．

［97］马亮，李皓．产业共性技术开发组织形式比较研究［J］．中国管理信息化，2009．

［98］马宁，官建成．影响我国工业企业技术创新绩效的关键因素［J］．科学学与科学技术管理，2000．

［99］梅姝娥．技术创新模式选择问题研究［J］．东南大学学报（哲学社会科学版），2008（5）．

［100］孟翔飞．金融危机背景下辽宁老工业基地振兴发展模式与政策选择［J］．地方财政研究，2009（5）．

［101］聂子盘．我国大型工业企业技术创新问题新探［J］．中州学刊，2007（5）．

［102］彭正龙，王海花，蒋旭灿．开放式创新模式下资源共享对创新绩效的影响：知识转移的中介效应［J］．科学学与科学技术管理，2011（1）．

［103］朴永日．德国与美国，日本企业技术创新模式［J］．青岛大学学报，2001．

［104］钱德勒．大企业与国民财富［M］．北京：北京大学出版社，2004．

［105］秦文婷．研究合作组织与技术联盟理论研究的对比分析［J］．科技管理研究，2009（9）．

［106］秦远建，王多祥．技术创新的解析模型研究［J］．科技进步与对策，2008（11）．

［107］曲永义．不同规模企业的技术创新绩效与政府的政策导向［J］．求索，2009（2）．

［108］全利平，蒋晓阳．协同创新网络组织实现创新协同的路径选择［J］．科技进步与对策，2011（9）．

［109］崔晓委，吴新年．产业技术创新模式的发展脉络与演进分析［J］．中国科技论坛，2016（1）．

［110］任海芝，邵良彬．辽宁地区企业自主创新的模式研究［J］．科技管理研究，2008（12）．

［111］任海芝，邵良杉．辽宁老工业基地企业自主创新现状及其障碍分析［J］．科技管理研究，2008（11）．

［112］荣飞．大企业技术创新与区域产业发展理论及实证研究［D］．天津：河北工业大学博士学位论文，2007．

［113］邵雷．大企业与经济增长［D］．长春：吉林大学硕士学位论文，2007．

［114］邵雷．我国大企业技术创新研究［J］．企业战略，2007（4）．

［115］沈雷．论大企业［D］．北京：中国社会科学院博士学位论文，2003．

［116］盛浩．试论发展中国家大企业的形成及其效率影响［J］．中国流通经济，2010（8）．

［117］覃靖．开放式创新对企业绩效的影响研究［J］．商业会计，2020（3）．

［118］盛亚，单航英，陶锐．基于利益相关者的企业创新管理模式：案例研究［J］．科学学研究，2007（1）．

［119］盛亚，吴蓓．基于利益相关者的企业技术创新产权问题诠释［J］．科学学与科学技术管理，2007（7）．

［120］盛亚．企业技术创新管理：利益相关者方法［M］．北京：光明日报出版社，2009．

［121］宋建元．成熟型大企业开展破坏性创新的机理与途径研究［D］．杭州：浙江大学博士学位论文，2005．

［122］宋晓洪．东北地区制造业技术创新模式及对策研究［D］．哈尔滨：哈尔滨工业大学博士学位论文，2006.

［123］宋跃征，蔺涛．我国大企业竞争力的测评方法与实证研究［J］．统计研究，2003（7）.

［124］孙班军．提高河北省大中型企业集团竞争力的思考［J］．石家庄经济学院学报，2004（10）.

［125］孙冰．企业自主创新动力机制及启示［J］．科技管理研究，2007（10）.

［126］孙晓华，田晓芳．企业规模，市场结构与创新能力［J］．大连理工大学学报（社会科学版），2009（2）.

［127］汤易兵．区域创新视角的我国政府—产业—大学关系研究［D］．杭州：浙江大学博士学位论文，2007.

［128］湯進．中国企業のイノベーションプロセス［R］．専修大学社会科学年報43号，2009.

［129］陶锐．企业技术创新利益相关者分析与分类管策略：案例研究［D］．杭州：浙江大学硕士学位论文，2007.

［130］田丽娜．企业技术创新财务管理［M］．北京：冶金工业出版社，2008.

［131］田文滨．装备制造业技术创新动力机制研究［J］．东北财经大学学报，2008.

［132］汪碧瀛，杜跃平．企业技术创新模式的路径选择与实证分析［J］．科技进步与对策，2006.

［133］王瑭．产业集群中的地方技术组织行为研究［J］．中山大学学报（社会科学版），2005（4）.

［134］王安宇，赵武阳．国内技术联盟研究新进展［J］．研究与发展管理，2008（3）.

［135］王炳富，张书慧．开放式创新网络知识转移拓扑模型研究［J］．科技管理研究，2010（9）.

［136］王琛，赵英军，刘涛．协同效应及其获取的方式与途径［J］．企业改革与发展研究，2004（10）.

［137］王承云．日本企业的技术创新模式及在华 R&D 活动研究［D］．上海：华东师范大学博士学位论文，2008.

［138］王飞绒，陈劲．网络环境对技术创新组织的影响与趋势分析［J］.

科学学与科学技术管理，2006.

［139］王军．企业技术创新组织分析［J］．西安财经学院学报，2005（8）.

［140］王岚．论技术创新范式的演进与集群式创新［J］．科技管理研究，2009（9）.

［141］王明安，常立农．技术组织的进化［J］．科技情报开发与经济，2004（10）.

［142］王鹏飞．外向开放式创新对创新绩效的影响研究［D］．杭州：浙江大学博士学位论文，2010.

［143］王伟光，吉国秀．知识经济时代的技术创新——理论·实务·案例［M］．北京：经济管理出版社，2007.

［144］王伟光，刘艳，李征．知识学习、技术组织与创新聚集基于产业集群的一种分析［J］．中国青年科技，2007.

［145］王伟光．产业集群与创新集聚：基于技术组织模式的一种分析［J］．沈阳师范大学学报，2006（4）.

［146］王向超，宋渝．大企业集群与技术创新耦合模式的实证分析［J］．当代经理人，2006（10）.

［147］王育晓．网络环境下企业技术创新绩效评价指标体系的设计［J］．价值工程，2005.

［148］王圆圆，周明，袁泽沛．封闭式创新与开放式创新：原则比较与案例分析［J］．当代经济管理，2008（11）.

［149］王峥．集群创新网络的演进［M］．北京：经济科学出版社，2008.

［150］王治．面向大企业产业共性技术创新的管理集成研究［J］．科技进步与对策，2009.

［151］魏杰，刘延平．大企业：21世纪经济的主导力量［M］．北京：中国发展出版社，2002.

［152］吴波．开放式创新范式下企业技术创新资源投入研究［D］．杭州：浙江大学博士学位论文，2001.

［153］吴林海．技术创新与企业规模：基于美国的实证分析与对中国的启示［J］．科学管理研究，2009（5）.

［154］吴婷，李德勇，吴绍波等．明基于开放式创新的产学研联盟知识共享研究［J］．情报杂志，2010（3）.

［155］吴艳霞，黄铎．企业技术创新组织形态研究［J］．生产力研究，

2006（12）.

[156] 武中哲．论技术与组织的和谐互构［J］．自然辩证法研究，2006
（6）.

[157] 夏志勇，林莳，何林．中国大企业自主创新能力的实证测度与分析
研究［J］．科学学研究，2008（6）.

[158] 肖海晶．国外技术创新模式及对我国的启示［J］．学习与探索，
2006（6）.

[159] 肖开红，安艳杰．企业技术创新模式选择：基于企业实力的博弈分
析［J］．企业管理，2006（8）.

[160] 肖庆文．大企业集团自主创新模式［J］．中国电力企业管理，2008.

[161] 谢学军，姚伟．开放式创新模式下的企业信息资源重组研究［J］.
图书情报工作，2010（4）.

[162] 辛冲．企业组织创新要素对技术创新的影响研究［D］．哈尔滨：哈
尔滨工业大学博士学位论文，2008.

[163] 辛冲．组织创新对技术创新的作用机理［M］．北京：经济科学出版
社，2010.

[164] 幸理．技术创新合作组织的驱动力分析［J］．科技进步与对策，
2008（11）.

[165] 徐磊．关于技术创新组织模式问题的综合分析［J］．自然辩证法研
究，2002（2）.

[166] 徐林实．中俄区域合作中大型企业技术创新模式探析［J］．俄罗斯
中亚东欧研究，2009（2）.

[167] 徐庆瑞，郑刚，徐操志．研究与开发绩效评价在中国：实践与趋势
［J］．科研管理，2002（1）.

[168] 薛捷，张振刚．基于"官产学研"合作的产业共性技术创新平台研
究［J］．工业技术经济，2006（12）.

[169] 严海宁．市场结构及其影响因素对中国企业技术创新的作用研究
［D］．武汉：华中科技大学博士学位论文，2009.

[170] 阎维洁，齐晶晶．知识创造到技术创新转换的研究个新的视角［J］.
科学学与科学技术管理，2009.

[171] 杨朝峰．企业技术创新模式的选择［J］．管理学报，2008（6）.

[172] 杨静武．开放式创新模式下的技术创新能力研究［J］．财经理论与

实践，2007（2）.

［173］杨瑞龙. 企业利益相关者理论及其应用［M］. 北京：经济科学出版社，2000.

［174］游达明，孙洁. 企业开放式继承创新能力的评价方法［J］. 企业管理，2008（22）.

［175］于成永. 基于研发一体化视角的开放度影响因素研究［J］. 科技进步与对策，2008（3）.

［176］于开乐，王铁民. 基于并购的开放式创新对企业自主创新的影响［J］. 管理世界，2008（4）.

［177］余博. 中国大企业成长战略研究［J］. 国际技术经济研究，2006（1）.

［178］於芳，韩永进. 企业技术创新中的组织结构模式研究［J］. 科学管理研究，2006（1）.

［179］远德玉. 企业创新论［M］. 济南：山东教育出版社，2001.

［180］翟红华. 不同规模企业技术创新模式的比较［J］. 企业经济研究，2004（5）.

［181］翟红华. 大企业与中小企业技术创新模式的比较［J］. 现代管理科学，2003（10）.

［182］翟月雷，徐晶. 辽宁省大企业集团国际竞争力提升途径研究［J］. 会计之友，2010（6）.

［183］詹钟炜. 企业技术创新组织体系模式分析［J］. 航天工业管理，2007.

［184］张春阳. 我国制造业企业技术创新动力机制研究［D］. 哈尔滨：哈尔滨工程大学博士学位论文，2008.

［185］张德政，阿孜古丽. 创新理论与实现技术——企业技术进步与组织创新的利器［M］. 北京：冶金工业出版社，2005.

［186］张继林. 价值网络下企业开放式技术创新过程模式及运营条件研究［D］. 天津：天津财经大学博士学位论文，2009.

［187］张睿. 产业集群中大企业的实力与权力［J］. 商业文化，2010（3）.

［188］张伟峰. 创新联结［J］. 北京：经济管理出版社，2006.

［189］张炜. 技术创新过程模式的发展演变及战略集成［J］. 科学学研究，2004（1）.

［190］张震宇，陈劲．基于开放式创新模式的企业创新资源构成，特征及其管理［J］．科学学与科学技术管，2008（11）．

［191］章海凤．提升东北大企业竞争力的对策分析［J］．经济研究参考，2005（69）．

［192］赵丹萍．技术属性对中小企业技术创新策略选择的影响研究［D］．广州：华南理工大学博士学位论文，2011．

［193］赵蕙萱．创建新型发展模式 提升企业长久竞争力［J］．发展之道，2008（4）．

［194］赵金楼，刘国岩．创新型大企业的内涵、模型与开放式创新［J］．科技管理研究，2008（4）．

［195］赵晶，关鑫．大企业集群治理合约选择的制度基础及演进机理研究［J］．南开经济评论，2008（3）．

［196］赵世贤，张华，何娜．基于技术创新能力评价的企业技术联盟合作伙伴的选择［J］．西南科技大学学报（哲学社会科学版），2010（1）．

［197］赵顺龙．技术创新联盟与产业发展阶段的匹配及类型选择［J］．江海学刊，2009．

［198］赵伊川，姜建平．企业规模与技术创新关系的测度［J］．经济理论研究，2007（5）．

［199］赵永杰．河南大企业组织模式研究：基于模块化组织的视角［J］．企业活力，2010（4）．

［200］赵宇新．企业技术创新模式选择的理论分析［J］．商业研究，2009（5）．

［201］郑丽坤．企业技术创新动力机制研究［J］．现代商贸工业，2010（1）．

［202］中国企业联合会，中国企业家协会课题组．我国主要行业发展大企业的展望与有关政策建议（上）［J］．上海企业，2007．

［203］中国企业联合会课题组．中国大企业发展的最新趋势，问题和建议［J］．工业经济，2009（9）．

［204］钟雪梅．提升企业技术创新组织有效性的对策分析［J］．科技创新导报，2008（21）．

［205］仲伟俊，梅姝娥，谢园园．产学研合作技术创新模式分析［J］．中国软科学，2009（8）．

［206］周红．产学研组织创新与技术联盟战略构建［J］．江苏科技信息，2010（21）．

［207］周松青．大型企业集团竞争力测度与分析［J］．现代经济探讨，2003（3）．

［208］周艳．信息技术环境下组织创新的模式选择［J］．科技管理研究，2007（6）．

［209］朱迎春，高昌林．我国大中型企业参与产学研合作的特点分析与政策建议［J］．科苑，2010．